서울시의원
아무나 하나

서울시의원 아무나 하나

발행일	2026년 3월 10일

지은이	박상현
펴낸이	대표이사 고성민
펴낸곳	(주)피터앤파트너스

출판등록	2016. 5. 26(제2016-000154호)		
주소	서울시 마포구 큰우물로 75 성지빌딩 7층		
홈페이지	www.peternpartners.com		
전화번호	(02)598-1234	팩스	(070)4212-4321
홈페이지	koh@urpeter.com		

ISBN	979-11-9973-760-0 03350 (종이책)	979-11-9973-761-7 05350 (전자책)	

조례로 말하고, 조례가 바꾸는 시민의 삶

서울시의원 아무나 하나

박상현 지음

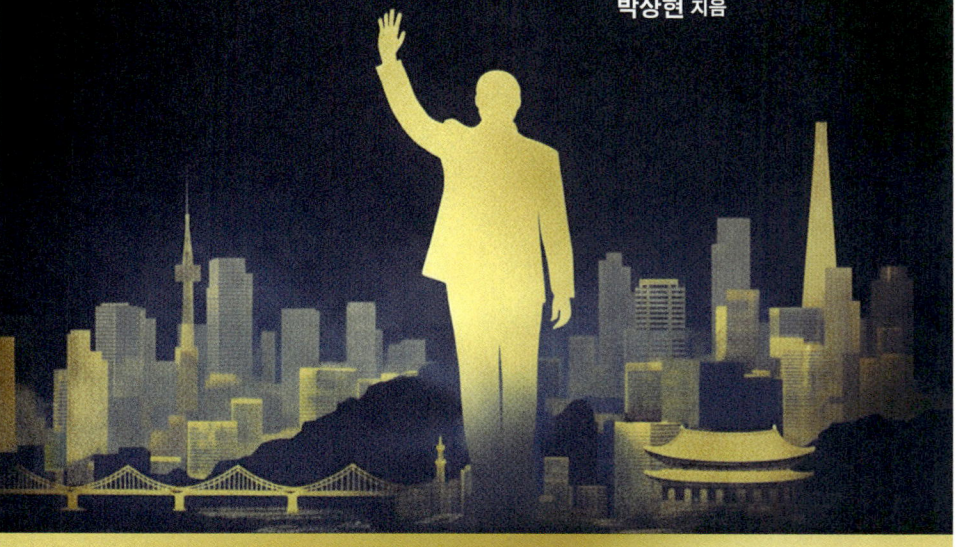

서울시의원이 만든 한 문장은
서울시민의 하루를 바꾼다!

그래서 유권자는 '아무나'가 아닌
'일 잘하는' 서울시의원을 선택해야 한다.

[한겨레신문 서울& '서울시 조례 분석 리포트']

들어가며

2025년 4월부터 1년여간 『한겨레신문』 '서울 &' 섹션 지면(온라인 포함)에 서울시민의 삶에 중요한 영향을 끼치는 조례를 중심으로 격주 연재를 해왔다. 현 제11대 서울시의회(2022년 7월~2026년 6월)는 60세 이상 고령이면서 비정규직이라는 이중고를 겪는 노동자의 고용안정을 지원하고 권익을 보호하기 위한 조례를 전국 최초로 마련하는 의미 있는 경우도 있었지만 서울시 학생인권조례, 서울시사회서비스원 설립·운영 조례, 미디어 재단 티비에스(TBS) 설립·운영 조례 등 의미 있는 조례를 이념과 진영 논리에 따른 정파적인 이유로 폐지하는 안타까운 사례도 발생해 사회적인 논란을 일으킨 경우도 있었다.

서울시의원 아무나 하나

서울특별시의 조례는 서울시가 독자적인 규범을 통해 도시 운영과 시민의 삶을 설계하는 핵심 수단으로 법령과 시민 사이를 연결하는 자치입법의 핵심이다. 단순한 '하위 규정'이라는 한계를 넘어 헌법과 지방자치법이 보장한 자치권을 구체화하고 서울 시민의 권리와 의무, 삶의 질을 직접적으로 규정하는 규범이라는 점에서 매우 큰 중요성과 영향력을 갖고 있음은 두말할 나위가 없다.

　현행 지방자치법은 지방자치단체가 '법령의 범위 안에서 그 사무에 관하여 조례를 제정할 수 있다'고 규정하고 있다. 여기서 '법령의 범위 안에서'라는 표현은 '법령에 위반되지 않는 범위 내에서'를 의미한다. 따라서 서울특별시 조례는 국가 법령과 모순되지 않는 범위에서 자치 사무와 법령이 위임한 사무에 대해 독자적인 기준과 절차를 정할 수 있으며 법령에 위반되는 조례는 효력이 없는 것으로 간주한다.

　조례가 제·개정되면 새로운 지원 제도나 규제, 위원회 설치, 기금 조성 등이 가능해지고, 이에 따라 시민의 권리 보장 수준과 정책 수혜의 범위가 달라진다는 점에서 조례의 영향력은 매우 중대하고 직접적이라 할 수 있다.

　서울특별시는 대한민국의 수도이자 핵심 광역자치단체로서 조례를 통해 자치권의 범위를 명확히 하고 중앙집권적 한계를 보완하는 역할을 수행한다. 예컨대 '서울특별시 자치헌장 조례'는 자치입법권·자치조직권 등 자치권의 범위를 명문화하고 시민의 시정 참여 원칙을 규정함으로써 서울시의 가치와 운영 원칙을 스스로 선언하고 있다.

이 같은 헌장 및 기본 조례는 단순한 선언을 넘어 이후 제·개정되는 조례와 주요 시책의 기준이 되며, 서울시의 정책 방향과 정체성을 일관되게 이끄는 기준점 역할을 하게 된다. 특히 서울시는 '법령의 범위 안'이 아닌 '법령에 위반되지 않는 범위'라는 해석을 수용해 자치입법권의 폭을 넓게 이해하는 판례 경향을 조례에 반영함으로써 보다 적극적인 지방분권과 정책 실험의 공간을 확보하려는 시도를 보여 왔다.

『한겨레신문』에 '이런 조례! 저런 조례!'라는 코너 제목을 정한 이유도 서울시민의 삶에 커다란 영향을 끼치거나 논란을 초래한 다양한 조례의 제·개정이 어떤 과정을 거쳐 이루어졌는지 배경과 근거 등을 취재하며 제·개정 취지와 문제점, 해당 조례 제·개정에 따른 집행기관(서울시청)의 정책을 함께 다뤄왔다. 조례안 원문과 함께 각종 심사·검토 보고서, 상임위원회 및 본회의 회의록 등의 내용을 샅샅이 훑어보는 것은 물론 해당 조례를 발의한 서울시의원과 집행기관인 서울시 담당 공무원, 기타 관련 기관 담당자와 전화 취재 등을 통해 기사를 작성했다.

조례 분석 기사를 취재·작성하면서 서울시의회의 의석 구조가 조례에 미치는 영향을 실감할 수 있었다. 현재(2026년 2월 기준) 서울시의회는 〈국민의힘〉이 74석으로 압도적인 과반 의석(〈더불어민주당〉 35석, 무소속 1석)을 차지하고 있다. 이로 인해 숫자로 밀어붙여 폐지된 조례안도 적지 않았다. 대표적으로 서울특별시 미디어재단 티비에스(TBS) 설립·운영 조례 폐지 조례안, 서울특별시 학생인권조례안 폐지 조례안, 서울시사회서비스원 설립·운영 지원 조례 폐지 조례안, 서울시 장애인 탈시설 조례 폐지안 등이 있다. 유네스코 세계문화유산인 종묘 맞은편 세운상가 구역에 142m 높이의 초고층 건물 건립을 가능하게 한 서울시 문화재보호 조례 개정안(현 서울특별시 국가유산 보존 및 활용 조례)도 많은 논란을 초래한 바 있다. 장애인을 위한 특수학교 설립도 대상 학부모들이 무릎을 꿇어 가면서 겨우겨우 사정한 끝에 본회의를 통과하기도 했다.

지난 1년여간 서울시의 각종 조례안을 살펴보면서 서울시의원들의 자질과 역량에 대한 고민도 함께 해볼 수 있었다. 특히 최근 김경 서울시의원의 공천 헌금이 일으킨 파문으로 서울시민 대다

수가 기존 정당의 공천에 대해 실망과 분노를 넘어 경악을 금치 못하고 있다. 이에 지난 1995년 6월 27일 제1회 전국동시지방선거가 치러진 이후 서울시의원의 자질과 관련해 논란이 발생한 언론 보도를 인공지능(AI) 플랫폼과 포털을 활용해 기사 본문을 검색, 조사해 몇 가지 유형별로 구분해 정리해 봤다.

서울시의원의 자질과 역량 문제는 결국 그 피해가 고스란히 서울 시민과 해당 지역 주민들에게로 돌아간다는 점에서 풀뿌리 민주주의 토대를 허무는 심각한 문제라 아니할 수 없다. 따라서 후보를 검증하고 공천하는 공적 정당이 사전에 자질과 역량에 문제가 될 후보를 걸러낼 수 있는 관련 제도나 검증 시스템을 갖출 필요성이 어느 때보다 커졌다. 그러나 이마저도 믿을 수 없는 것이 현실이다.

그동안 우리나라 정당들은 시스템 공천 프로세스 마련을 위해 무던히도 애썼지만 지금 현실의 결과는 참담할 정도다. 따라서 정당의 공천 시스템에만 맡길 것이 아니라 유권자들이 신성한 투표권을 행사하는 과정에서 최대한 후보들에 대한 윤리·도덕적 검증과 역량 검증에 나서는 것도 매우 중요하다 하겠다. 지지하는 정당이 공천한 후보에게 맹목적으로 표를 던지기보다 실질적인 이해관계자인 유권자 자신과 지역 전체를 위해 제대로 일할 수 있는 후보를 당선시키기 위한 최소한의 노력을 기울이는 것이 나 자신을 위해서나, 지역의 발전을 위해서나, 나아가 풀뿌리 민주주의를 발전시키는 데 필수적인 과정이라 할 수 있다.

우리나라의 정치개혁 과정을 볼 때 선거제도 개혁은 현재의 우리나라 정당 구조와 문화상 쉽지 않은 것이 현실이다. 양당 모두에게 유리한 기득권을 내려놓기란 어찌 보면 인간 본성에 반하는 일이기도 하다. 1995년 지방자치제도가 부활한 이후 30여 년이 지났지만 여전히 돈 공천이 이뤄지고 있다는 사실은 풀뿌리 민주주의의 토대가 매우 허약하고 부실하다는 것을 방증한다.

제도개혁의 열쇠를 쥐고 있지만 쉽게 기득권을 포기하지 않는 정치권을 마냥 기다릴 수만은 없는 노릇이다. 결국 깨어 있는 시민들 한 분 한 분 그리고 이 분들의 연합된 목소리가 끊임없이 분출돼야 한다. 아울러 지방선거에 출마한 후보자들에 대한 철저한 검증과 이를 기반으로 하는 투표 행위가 그나마 단기적인 해법이 될 수밖에 없다는 점이 아쉽지만 하나의 해법이 될 수는 있다. 함께 고민하고 해결해 가야 할 우리나라 정치의 숙원 과제이다.

생활 정치를 규정하는 '조례'에 대해 이처럼 치열하게 파고든 정치 신인이 있었는가?

정치에 뜻을 둔 사람들이 꽤 많다. 어떤 이는 봉사를 말하고, 어떤 이는 그 말 속에, 권력에 대한 탐욕을 감추며 언제나 시민의 편에 서겠다고 넙죽댄다. 그러나 일단 뽑히면 권력에 봉사하고 권력을 휘두르는 경우가 많다. 시민들도 유권자 대접을 받을 때만 정치에 관심을 가질 뿐 그 뒤로는 감시에 소홀하고 정치라는 게 더럽고 탁한 것이라며 혀를 찰 뿐이다.

왜 이런 일이 반복될까? 일차적으로는 시민들이 후보자의 진면목을 제대로 알 수 있는 통로가 제한되었거나 후보자가 자신의 스펙을 자랑하며 그걸 발판으로 현혹하기 때문이다. 그러나 유권자인 시민에게도 책임이 있다. 헌법과 법률을 제정하는 국회의원을 뽑을 때뿐 아니라, 내가 살고 있는 도시의 행정을 감시하고 필요한 조례를 제정하는 지방의회의원을 뽑을 때도 그 후보자가 '조례'에 대해 어떤 생각을 갖고 있는지, 또 어떤 실천 의지가 있는지 꼼꼼히 따져야 한다.

박상현은 이 문제를 들고나온 후보자로서 지방자치 주민 참여 활성화를 위한 구체적이고 현실적인 방법을 제시하고 있다. 그는 정치의 거대 담론이 아니라 생활 정치의 핵심인 조례의 제정과 활용에 대해 오랫동안 치밀하게 고민하고, 연구해 왔다. 그 결실을 유권자 시민과 공유하며 미래의 선택과 실천을 제안한다.

걸핏하면 "정치라는 게 다 그래."라거나 "정치인은 공인된 도적들이야."라고 비판만 할 것이 아니라 제대로 된 의원을 선택하는 게 시민의 가장 기본적인 의무이자 유권자의 권리라는 점을 생각해 보았으면 한다. 그런 점에서 이 책이 던지는 문제의식과 의제에 대해 고민할 수 있기를 바란다. 당선 여부를 넘어 이제 우리가 시민정치와 생활 정치에서 무엇을 어떻게 선택하고 실천할 수 있는지 분명하게 깨닫게 될 수 있으리라 믿는다.

김경집(인문학자, 전 가톨릭대학교 인간학교육원 교수)

차례

1
서울시의원 출마 분투기

2
지방자치 주민 참여
활성화를 위한 제언

3

조례가 바꾸는 시민의 삶
『한겨레신문』 '서울 &' 조례 분석 연재기

1부 나쁜 조례

2부 논란이 된 조례

3부 좋은 조례

4

서울시의원 25년의 검증
- 자질·능력·윤리 논란에 관한 기록

1

서울시의원
출마 분투기

언론고시와 국회의원 보좌관

벌써 4년이 지났다. 지난 2022년 머리털 나고 처음으로 선거 '출마'라는 걸 해봤다. 정치와 선거 자체에 대해서는 기자 출신이니 관심은 많았지만 '출마'는 평생 남의 일이거니 했다.

1994년 하반기 언론사 공채 시험에 몇 수만에 합격해 '기자의 길'을 걷기 시작했다. 갑작스럽게 맞은 1997년 국제통화기금(IMF) 외환위기에 신문사 경영에 빨간불이 켜지면서 상여금 축소 움직임이 일자 편집국 내 노조를 결성하려는 노력이 시작됐고 막내 기수로는 유일하게 발기인으로 참여했다. 그러나 노조 결성과 출범을 놓고 벌어진 사내 갈등과 신문사 편집국 내 찬반 대립 등의 상황을 보며 언론을 공부하는 학자의 길로 들어서는 것이 보다 의미 있는 선택이겠다 싶어 사표를 던지고 말았다.

1987년 말 육군에 입대했다가 1991년 복학한 이후 훗날 문재인

정부 초대 방송위원장을 역임한 이효성 교수의 '미디어의 이해'라는 수업을 들은 적이 있다. 그 당시 이 교수님이 강의 교재로 추천한 두 권의 책『언론비판』과『정치언론』에 매료돼 기자가 되기로 결심했고, 그것이 언론고시 준비와 언론사 입사로 이어졌었다. 그러나 사표를 던지면서 이제 기자 인생은 '여기서 끝이로구나' 하고 여겼다. 차라리 언론학 공부를 더 해서 교수의 길로 가자고 결심하고 아내도 반대하지 않아 사직을 막지 않았다. 아마도 거의 매일 야근과 주말 근무, 잦은 술자리 등에 지치고 싫증 난 아내가 기자라는 직업에 대해 갖게 된 반감 때문이리라 짐작해 본다.

'인생은 우연의 연속'이라는 말이 있듯 1998년 2월 대한민국 정치 역사상 최초로 수평적 정권 교체를 이룬 새정치국민회의 김대중 대통령이 취임한 지 6개월 정도가 지난 즈음 지인의 추천으로 김대중 대통령의 오랜 정치적 동지인 김옥두 의원실에 들어가 비서관 생활을 시작하게 됐다. 당시에는 '국회의원 보좌진'이라는 직업이 있는지도 몰랐지만 잘 모르던 분의 추천을 받았고 가족과 언론사 선배들의 조언을 새겨듣고 국회 입성을 결심했다.

당시 김옥두 의원은 행정자치위원회(現 행정안전위원회) 소속이었고 새정치국민회의 지방자치위원장을 맡고 있었다. 글 좀 쓰고 경찰 업무를 좀 아는 기자를 찾던 중 그 기회가 백수이던 나에게까지 찾아온 것이었다. 국정감사 때는 열심히 질의서를 작성하고 이와 함께 경찰관 처우 개선을 위한 정책 자료집을 만들고 온갖 민원에 대응하는 등 나름 기자로서 경험한 역량을 십분 발휘할 수 있었다. 그 덕분에 4급 보좌관 TO(규정에 따른 구성원 수)가 1명 늘어난 2000년 초반 정식 보좌관으로 임명될 수 있었다. 당시 나이가 33세였으니 매우 빠르게 승진한 셈이다. 4급 보좌관(정무직)이면 중앙 부처 공무원 서기관급에 해당하니 고위직 공무원에 속한다. 재산 신고도 해야 했다.

2000년 1월에는 새정치국민회의가 새천년민주당으로 정당 명칭을 바꾸고 김옥두 의원은 초대 사무총장을 맡아 민주당사 사무총장 비서실에서도 일하게 됐다. 집권 여당 사무총장 보좌관으로 막중한 책임을 지게 됐다.

그러나 정치권에 들어갈 때 가졌던 당초의 기대와는 달리 진보 정권으로의 교체에도 불구하고 여야 대립과 갈등은 끝없이 이어지고 국민의 정치 혐오와 냉소는 더 심화됐다. 정치권에 입문하게 된 동기가 약화되면서 무엇을 위해, 왜 일해야 하는지에 대한 실망이 커지던 와중에 예전에 함께 일했던 신문사 선후배들이 새로운 언론사 창간에 속속 합류한다는 소식을 접하게 됐고, 결국 함께 일하자는 제의를 받아 고심 끝에 '집권 여당 사무총장이자 국회의원의 4급 보좌관'이라는 자리를 내던지고 디지털 종합경제지를 표방하는 신문사 기자로 컴백하게 됐다. 두 번째 기자 인생 시작이다.

이후 IT, 증권, 산업통상부, 과학기술부, 전자대기업, 중소기업,

벤처캐피탈, 국회, 청와대 등 안 해본 것 없는 다양한 출입처를 담당하며 기자로서 폭넓은 경험을 쌓았다. 이에 더해 신문사 언론 노조 지회 부위원장을 맡아 편집권 독립과 언론 노동자 권익 개선을 위한 일에도 안간힘을 기울였다.

서울시의원 아무나 하나

언론노조와 뉴질랜드 行

　그러다 또 한 번의 커다란 결심의 길에 나서게 된다. 한국 사회를 떠나기로 한 것! 뉴질랜드로 이민을 가기로 한 것이다. 1990년대 말 먼저 뉴질랜드로 이민을 떠나 현지 교민신문을 창간했던 이전 신문사 선배의 권유로 자녀 두 명(당시 9살 딸과 6살 아들)과 함께 전격적인 이민을 결정했다. 지금으로 보면 매우 무모하고 어려운 선택이었지만 당시에는 신문사와 국회에서 10년여간 일하면서 쌓인 격무로 인한 피로감과 사회 변화를 추동하기에 역부족이라는 무력감이 한꺼번에 밀려오면서 큰 고민 없이 사직과 이민을 결심하게 됐다. 뉴질랜드 오클랜드에서의 교민신문 편집장 생활은 그렇게 시작됐다.

　당시 뉴질랜드는 진보정당인 노동당(당수 헬렌 클락 당시 총리)이 집권 여당이었다. 그러던 중 2005년 11월 총선이 있었고 노동당이 3연속 집권에 성공했다. 당시 선거를 지켜보고 또 필자가 일하던 교민신문에 관련 기사를 취재, 작성하면서 한국의 선거 문화와 크게 다른 차이점을 접할 수 있었다. 보통 한국에서의 선거라면 여기저기 나붙는 현수막에 무지개차라 불리는 선거차량에서 흘러나오는 고음의 시끄러운 지지 음악과 연설 등이 시민들 이맛살을 찌푸리게 하는 것이 관례였다. 또 양당 간 끝도 없이 펼쳐지는 마타도어와 흑색선전 등 이전투구(泥田鬪狗)식 선거전이 난무하는 선거운동이었다.

그러나 뉴질랜드의 총선은 한국과 달라도 너무 달랐다. 현수막은커녕 심지어 TV에서도 '지금 선거철이 맞나' 싶을 정도로 너무나 조용한 선거를 치르는 것이었다. 또 하나, 정당 간 흑색선전이나 마타도어는 눈을 씻고 봐도 찾을 수 없었다. 당시 선거 과정을 돌이켜보면 진보정당인 〈노동당〉과 보수정당인 〈국민당〉 사이에 유일하게 논쟁이 붙은 선거 이슈는 '법인세 인하 찬반' 뿐이었다. 당시 국민당은 33%에 달하던 법인세를 31%로 낮추겠다고 공약했고, 노동당은 국민들이 받고 있던 복지혜택이 줄어든다는 이유로 법인세 인하에 반대하는 것이었다. 현지 유력 신문인 뉴질랜드 헤럴드(www.nzherald.co.nz)가 조사해 발표한 당시 양당의 지지율 흐름은 초반에는 국민당이 앞서갔지만 점차 노동당이 역전하는 추세를 나타냈다. 결국 그 해 선거는 노동당의 승리로 귀결돼 3연속 집권이라는 초유의 역사를 만들어냈다.

서울시의원 아무나 하나

"바보야~ 문제는 정치야"

　뉴질랜드 정치 문화에 대한 경험은 '언젠가 기회가 되면 정치를 해야겠구나'라는 생각을 갖게 한 결정적인 계기가 됐다. 미국 민주당 후보였던 빌 클린턴이 '바보야! 문제는 경제야'라는 구호로 대통령에 당선됐다면 나는 한국 사회와 한국 국민에게 필요한 것은 '문제는 바로 정치'라는 인식이었다. 물론 먹고 사는 민생 문제인 경제가 무엇보다 중요한 것은 맞지만 지금 대한민국의 성장과 발전을 가로막는 분야가 정치라는 생각을 확고하게 갖고 있었다. 지금은 고인이 된 이건희 삼성그룹 회장이 지난 1995년 베이징에서 한국 특파원들과 만나 "우리나라 정치는 4류, 관료 조직은 3류, 기업은 2류"라며 정치권을 비판한 이유에 전적으로 공감하는 이유다.

　당시의 정치 상황과 지금은 여러 측면에서 달라진 부분이 분명히 있다. 그러나 국내 정치 진영이 양극단으로 크게 대립하고 적대적인 구조가 고착화하고 있는 상황을 감안하면 국민 통합을 지향해야 할 정치가 국민을 갈라치고, 갈라진 국민은 자신이 지지하지 않는 정당을 악마화하는 양상이 갈수록 더 심화하고 있다. 극단적인 팬덤 현상에 젊은 층의 극우화 양상까지 대한민국 정치가 점차 양극단을 향해 달려가고 있어 심히 우려된다.

  수도권 집중, 불평등 심화, 소득·자산 양극화 및 계급화, 인구 감소, 지방 소멸, 저성장, 초고령화, 기후위기, 세계 자살률 1위, 노인 빈곤율 1위 등 정말 해결해야 할 국가적 과제는 늘어나기만 하는데 이를 해결해야 할 책임을 지닌 정치권은 내전을 방불케하는 극단적 싸움의 늪에서 허우적대고만 있는 형국이다.

50대 중반에 뛰어든 선거

정치 출마의 이유와 배경이 다소 길어졌지만 결국 뉴질랜드에서 경험한 선진적인 정치와 선거문화가 정치의 길로 들어서게 만든 동기라고 말할 수 있다. 다만 그런 마음을 갖게 된 이후 실제 선거에 출마하게 된 것은 15년이 지나서였다. 우연이라기보다는 오랜 기간 마음 깊이 남아 있던 열망이 2020년 또다시 국회로 이끌게 된 것이라 유추해 본다. 〈더불어민주당〉 소속으로 첫 국회의원이 된 언론사 선배의 권유로 거의 20여 년 만에 다시 보좌관이라는 옷을 입게 됐다.

당시 억대 연봉을 받던 안정된 직장에 있었으나 왠지 모르게 이번에 이직 결정을 하지 않으면 더 이상 기회가 없을 수 있겠다는 생각이 나 자신을 강하게 붙들었다. 그렇게 해서 다시 국회 생활을 시작하게 됐고, 2022년 대통령 선거캠프에서도 일할 기회로 이어졌다. 그러나 아쉽게도 제가 일하게 됐던 선거캠프의 대선 후보는 낙선의 고배를 마시고 오래전부터 마음에 품고 있던 정치에 나서기 위해 그해 6월 1일 제8회 전국동시지방선거 출마 결심을 하게 됐다.

그렇게 해서 2022년 3월 27일 성북구 선거관리위원회에 서울시 의원 예비후보 등록을 하게 된다. 선거 출마라는 것이 얼마나 어려운 결단인지는 '출마해야 당선된다'라는 경구에 담겨있다. 너무나 뻔하디뻔한 이 표현에는 그만큼 출마 결심이 힘들다는 의미가 들어있다.

어쨌든 그런 과정을 거쳐 2022년 6·1 제8회 전국동시지방선거 에서 서울특별시 성북구 6개 동(성북동·돈암2동·동선동·삼선동·보 문동·안암동)을 선거구로 하는 서울시의원 예비후보 등록을 하고 한 달여간 지역 주민들에게 명함을 드리며 인사하고 선거구 내 각종 기관과 단체를 돌며 지역 현안을 듣고 정책 공약으로 가다 듬으며 선거운동을 시작했다.

성북구 1선거구에는 〈더불어민주당〉 예비후보로 필자를 포함 해 현역 서울시의원이었던 □□□ 후보, △△△ 후보, ○○○ 후보 (전 서울시의원) 등 4명이 예비후보로 등록했다. 그러나 발표가 늦 어지다 한 달 정도가 지난 4월 27일에서야 〈더불어민주당〉 서울 특별시당 '제8회 전국동시지방선거 광역·기초의원 공천 심사 결 과(4차)'가 발표됐다.

심사 결과는 4명 모두 컷오프! 경선을 치르지도 않은 채 모 후보가 단수 공천을 받는 결과가 나왔다. 당시 이 후보는 성북구 구의원 예비 후보로 등록했었는데 공천 면접도 없는 '직행 공천'이었다. 필자와 함께 선거운동을 도왔던 지인과 후배는 물론 서울시의원 예비후보로 등록한 모든 분이 분노와 경악을 금할 수 없었다. 캠프 안에서 재심 청구를 해야 한다는 내부 의견이 있었다. 선거를 돕던 한 후배는 재심신청을 해야 한다고 강력히 주장하면서 재심 신청서를 작성하기도 했다.

〈재심 신청서〉

1. 재심 신청의 배경

가. 상기 명 본인은 제8회 지방선거 광역 의원 성북 1선거구의 〈더불어민주당〉 예비후보 등록한 공천심사 대상자로, 동 선거구에는 신청인 외 3인(□□□ 후보, △△△ 후보, ○○○ 후보)이 공천을 신청해 면접 심사를 진행한 바 있음

나. 4월 27일 발표된 동 선거구의 공천심사 결과 신청인을 포함한 4인의 대상자는 모두 탈락하고 ***(당시 성북구의원)이 공천 후보자로 단수로 추천됐음. *** 후보자는 이번 지방선거에서 기초의회 성북 나선거구(중대선거구 개편 이전)의 예비후보로 등록한 자임

다. 〈더불어민주당〉의 6·1지방선거 공천 기준(4.6. 당무위 승인) 및 당헌·당규에 따르면 모든 선거구는 경선을 원칙으로 하나 다음의 사유가 있을 때는 단수 추천이 가능하다고 명시하고 있음

1) 해당 선거구 후보자 추천신청자가 1명일 때

2) 심사 결과 1명을 제외한 나머지 후보자의 공직 후보자 결격사유가 발견된 때

3) 2인 이상의 후보자가 추천을 신청하였으나 자질, 능력 또는 경쟁력 등에서 현격한 차이가 있다고 인정되는 때

[참고 1] 서울시당 공천관리위원회 광역 의원 면접심사 일정 안내
http://seoul.theminjoo.kr/bbs/board.php?bo_table=s2_2&wr_id=820&page=3

[참고 2] 서울시당 공천심사결과 발표 (4차)
http://seoul.theminjoo.kr/bbs/board.php?bo_table=s2_2&wr_id=849

2. 재심 신청의 이유

성북 1선거구의 경우 광역 의원 공천 신청자 4인은 모두 배제되고 *** 후보자가 단수 추천됐으나 이는 다음과 같은 문제점을 안고 있음

가. 중앙선관위의 예비 후보자 명부에 따르면 동 선거구의 공천 신청자로는 언론인 출신의 PR 기업 부사장, 전 구의원이자 현직 서울시의원, 전 시의원으로 현재 서울시 장애인복지관협회 회장이 포함돼 있고 이 밖에도 현재 민간기업에 재직 중인 신청자가 면접 심사에 참여해 추천 신청자가 4명에 이름

나. 이들 모두 전과 기록 등의 결격 사유는 발견되지 않아 예비 후보자 자격 심사 및 면접 심사를 통과했으나 4인 모두를 탈락시키고 해당 광역 의원 선거구에 후보 신청도 하지 않은 인물이 단수 추천됐음

다. 당헌 및 당규에는 시도의원 선거 후보자에 대해 2인 이상으로 선정하고 경선 방법을 마련하라고 규정하는 등 경선을 권장하고 있으며 단수로 선정할 경우 그 사유를 명시하라고 규정하고 있으나 서울시당 공관위는 특별한 사유의 명시 없이 복수의 신청자를 배제하고 단수로 선정했음

서울시의원 아무나 하나

라. 더욱이 해당 후보자는 광역 의원이 아닌 기초의원 출마자로서 동 선거구의 공천 과정에는 전혀 참여하지 않은 무자격 후보자임에도 이를 단수로 추천한 사례는 서울시의원 선거구에서도 그 사례를 찾기 어려운 심각한 당헌·당규 위반 및 무력화 사례에 해당한다고 볼 수 있음. 이는 결국 민주당의 공천 과정에 대한 불신을 초래할 수 있다는 점에서 바람직하지 않음

마. 게다가 단수 공천을 받은 후보자의 경우 現 지역위원장의 구청장 시절 비서실장 출신 인사로, 이 공천이 재심의 과정 없이 확정될 경우 당원과 지역 주민으로부터 절차적 정당성 및 공천 내용의 불공정성, 불합리성까지 의심받을 우려가 높음

3. 결론
지역위원회 위원장 및 공천관리위원회의 정무적 판단 및 본선 경쟁력에 대한 고려 등을 생각하더라도 당원 및 주민들이 납득하기 어려운 무자격 후보자 단수 추천 과정이 절차적 흠결을 갖고 있으므로, 이에 대한 재심을 통해 바로잡아야 할 것으로 사료됨

이 후배는 지역 언론 및 중앙 언론에도 이 이슈를 공론화하자면서 아래와 같은 내용의 칼럼도 작성했다.

〈민주당 공천 제도가 위험하다〉

김대중 대통령은 민주당 총재였던 2000년 16대 총선을 앞두고 당시 OO 일보의 OOO 기자를 발탁해 공천했다. 주변 인물 가운데 공직선거 후보자로서 적합한 인물을 발굴해 낙점한 것이다. 첫 선거에서 당선된 OOO은 *선 의원과 도지사, 국무총리를 거쳐 대통령 선거에까지 도전할 정도로 성장했다. 하향식

공천, 이른바 낙점의 좋은 사례다. 지금 민주당의 주류를 이루는 운동권 586 출신들도 대부분 이때 발탁 공천을 통해 정계에 진출했다.

우리 사회가 민주화되면서 정당의 운영과 공천의 과정도 점차 민주화됐다. 이른바 상향식 공천이 제도화되면서 당의 총재가 아닌 당원과 국민들의 의견을 반영한 공천이 확대됐다. 민주당 역사에서 상향식 공천의 백미는 단연 노무현 대통령이다. 2%에 불과했던 지지율은 두 달여 간 진행된 당원과 국민이 참여한 경선 레이스에서 승리하며 결국 민주당의 대선후보와 대통령까지 이뤘다. 상향식 공천 민주주의의 모범 사례로 꼽힌다.

민주당은 이후 공천 민주화를 위해 이 두 가지 방식을 섞어 만든 현행 공천제도를 완성했다. 당원 투표, 국민 참여 경선을 활용한 상향식 공천과 전략공천 심사위원회를 통한 하향식 공천 방식을 가미했다. 이른바 시스템 공천이다.

하지만 아무리 좋은 제도라도 세월이 흐르면 낡아지기 마련이다. 특히 후보자가 많은 지방선거의 경우 공천을 둘러싼 잡음이 곳곳에서 일어난다. 서울시장 후보는 아직 선정도 못한 상태다. 기초단체장, 광역 의원, 기초의원으로 내려가면 공천제도의 문제점은 더욱 확연히 드러난다.

서울 성북에서는 현역을 포함한 시의원 예비후보 4명이 모두 탈락하고 구의원에 도전했던 후보가 단수 공천됐다. 공천을 받은 후보는 지역구 국회의원의 비서관 출신이다. 탈락 후보 4명 중 2명은 정치신인이었음에도 가산점은커녕 경선의 기회조차 얻지 못했다. 하향식 공천의 나쁜 예다.

서울 강서에서는 시의원 3선을 지내 지역 기반이 탄탄한 것으로 알려진 구청장 후보가 최종 공천에서 탈락했다. 경선 방식의 변경 등 우여곡절과 각 후보를 둘러싼 지지세력들이 심각한 계파 갈등을 일으키고 나서야 마무리됐지만 이들이 하나가 되어 본선을 준비할 가능성은 요원하다. 상향식 공천은 갈등을 낳고 봉합이 쉽지 않으며 이는 본선 경쟁력의 저하로 이어진다.

서울뿐 아니다. 지역에서 도전하는 중앙 무대의 명망가들은 당원 조직의 벽을 넘지 못해 고배를 마시기도 하고, 더 크게 쓰일 수 있는 지역 정치인이나 신인들은 낙하산 공천에 운다. 다른 정당에 비해 우수하고 민주적이라고 평가받던 민주당의 공천시스템이 이제 정당민주주의를 후퇴시키고 있는 건 아닌지

서울시의원 아무나 하나

꼼꼼하게 살펴볼 일이다.

선거는 상대가 있는 게임이다. 선거는 일단 이기고 봐야 한다는 말도 있다. 승리를 위해 선수를 선발하는 과정이 낡고 병들어가고 있다. 민주당의 공천제도는 이제 모범 사례보다는 실패사례를 더 많이 만들어내고 있다. 어디서부터 어떻게 손을 대야 할 것인가.

절치부심과 새로운 시작

재심 신청서는 준비해 놓았으니 이제 서울시당 공천관리위원회에 제출만 하면 되는 상황이었다. 그러나 재심청구를 하는 것이 과연 얼마나 실효성이 있을까 고민하지 않을 수 없었다. 선거캠프에 있는 후배들과 함께 고민에 고민을 거듭했다. 그러나 사실상 공천 결정권을 쥐고 있는 현역 국회의원인 지역위원장의 최측근이 공천된 사실을 감안하면 재심청구가 받아들여질 가능성은 매우 낮았고, 거부될 경우 또 한 번 겪게 될 좌절감을 이겨낼 자신이 없었다.

그래서 결국 재심 청구를 포기하기로 했다. 본선 당선 가능성을 최우선으로 했다는 정당의 공천 명분을 받아들인 셈이다. 그리고서는 죄송한 마음에 그동안 아낌없는 격려와 응원을 해주신 분들에게 감사와 사죄의 마음을 담은 글을 페이스북에 올렸다.

서울시의원 아무나 하나

[선거 레이스가 끝났습니다]

저의 출마 도전은 여기까지인 것 같습니다.

제가 출마한 성북 1선거구 서울시의원 후보 4명을 전원 탈락시키고, 기초의원으로 등록했던 분을 서울시의원으로 단수 공천했습니다. 기상천외한 공천이라 할 말은 많지만 삼가겠습니다.

길게는 2020년 12월 대선 경선 준비부터, 짧게는 3월 말 지방선거 출마 이후로 민주당 간판 아래에서 이제껏 겪어보지 못한 일을 많이 경험했습니다. 신문기자, 국회의원 보좌관, 홍보 회사 부사장을 하면서 숱한 사람을 접하고 많은 일을 겪어 봤지만, 인생 공부와 인간 공부는 끝이 없는 것 같습니다.

그간 후원으로 도와주신 분들, 지지와 성원을 보내주신 분들, 그리고 제 선거 운동에 함께 했던 동료들에게 진심으로 죄송하고, 감사하다는 말씀을 드립니다. 한 분, 한 분 찾아뵙고 인사 올리겠습니다. 제가 입은 신세와 은혜는 차츰 갚아 나가겠습니다.

당분간 휴식기를 갖고 다음 계획을 세우고자 합니다. 다시 한번 고맙고 감사합니다.

이렇게 해서 첫 번째 선거 출마는 슬픈 막을 내리고 말았다. 당시 나이 55세에 뛰어든 현실 선거의 벽이 이렇게 높을 줄 미처 몰랐다. 말로 들어서는 이해가 됐지만 몸으로 겪어보니 거대한 암벽과도 같았다. 이제 뭘 할 것인가가 인생의 숙제로 다가왔다. 다음 선거 출마는 생각하기도 싫었다.

그로부터 4년이 지난 2026년 다시 지방선거의 계절이 돌아왔다. 많은 고민과 번민을 거치며 차근차근 다음 선거를 준비해왔다. 그러다 2024년 제22대 국회의원 선거가 있었고 성북갑 지역구에서 재선 의원을 했던 국회의원 출신 후보의 선거를 돕게 됐다. 자기 선거는 아니지만 지역의 많은 주민들을 만나고 접하고 경청할 수 있는 소중한 기회를 가질 수 있게 됐다.

그러다 2025년 4월 『한겨레신문』 '서울 &' 섹션에서 서울특별시 조례를 분석하는 기사를 격주로 연재하는 객원기자 활동의 기회를 얻게 됐다. 과연 서울시의원은 어떤 조례를 만들며 일하는지, 어떤 사람들이 해야 하는지 등 수많은 조례를 탐색하고 분석하고 취재하고 기사를 쓰면서 충분히 배울 수 있는 소중한 시간을 갖게 됐다. 그 고민과 노력의 결과가 이 책에 담겨 있다. 아울러 지방자치 발전을 위해 꼭 필요한 주민 참여를 활성화할 수 있는 몇 가지 제언도 나눠보고자 한다.

2

지방자치
주민 참여 활성화를 위한 제언

1995년 지방자치제가 부활한 이후 30여년이 지난 현재 일정 부분 지방분권이 진전된 부분이 있지만 여전히 그 핵심인 예산, 인사, 정책 결정 권한에서 중앙정부의 영향력은 절대적이다. 이 같은 구조는 지역 주민의 자율성과 창의성을 제한하고 지역 불균형을 심화시키는 원인이 되고 있다. 수도권 집중이 줄어들기는커녕 갈수록 심화하고 있다.

지역 정책도 은전 베풀 듯이 중앙에서 내려온다. 이제 모든 국민이 진정한 지방자치를 누릴 때가 됐다. 이에 따라 어느 정당은 헌법 제1조에 "대한민국은 지방 분권 공화국이다"라고 못 박아야 한다고 주장한다. 진정한 지방자치는 지방 분권, 즉 권한이 있어야 가능하기 때문이다. 중앙에서 내려주는 예산을 제한된 범위에서만 쓸 수 있고, 법령을 벗어나지 않는 틀 내에서만 조례를 만들 수 있는 구조에서 탈피해야 한다. 지역 발전을 위해서는 지역에 필요한 사업은 지역이 주도하도록 해야 한다. 지역 상황을 누구보다 지역이 가장 잘 알기 때문이다. 지역 스스로 결정하고 집행할 자치권을 보장해야 한다. 지방자치제 아래에서 주민 참여 활성화를 위한 과제는 제도·조직·문화·기술 등 여러 차원에서 동시에 접근해야 한다. 이를 위한 몇 가지 제안을 한다.

주민 참여를 위한 제도적 기반 정비

지방자치에서 주민 참여를 활성화하기 위해서는 무엇보다 법과 제도의 기반을 정교하게 정비하는 작업이 선행돼야 한다. 현행 법령은 주민 투표, 주민 소송, 주민 감사 청구, 주민 발안, 주민 참여 예산제도 등 다양한 직접 참여 장치를 두고 있다. 그러나 절차의 복잡성, 높은 요건, 실효성 부족으로 인해 제도 이용에 제약이 많다. 이 같은 제도적 한계를 해소하기 위해 지방자치법, 지방재정 관련 법령, 각종 조례를 주민 친화적으로 개정·보완하고, 주민의 권리 행사에 장애가 되는 과도한 형식 요건을 완화하는 방향으로 제도 설계를 재구성해야 한다.

또한 주민 참여 제도가 형식적 수준에 머물지 않도록 제도와 실제 운영 간의 괴리를 줄이는 작업이 중요하다. 이를 위해 중앙 정부는 주민 참여 관련 상위 법령에서 기본 원칙과 최소 기준을 제시하고, 지방자치단체는 지역 실정에 맞는 세부 조례와 운영 지침을 마련해 제도의 실질적인 작동을 담보해야 한다. 나아가 주민 참여에 대한 지방의회의 심의·감시 기능을 강화함으로써 주민이 제도적 권리를 행사했을 때 그 결과가 실제 정책과 예산에 반영되도록 보증하는 장치를 촘촘하게 구축해야 한다.

주민 참여의 실질성을 높이는 제도 운용 방식 확립

주민 참여 제도가 단순한 의견 수렴 절차에 그치지 않고 정책 결정 과정에 실질적 영향을 미치도록 하기 위해서는 제도 운용의 방식 자체를 재구성해야 한다. 지방정부가 형식적으로 공청회·설명회·온라인 등의 방식으로 의견 수렴을 실시하는 것만으로는 주민 참여 효과를 체감하기 어렵다. 요식 행위로 그칠 경우 이는 참여 의욕 저하로 이어진다. 이에 따라 정책의 기획, 수립, 집행, 평가 전 과정에서 주민이 참여할 수 있는 단계별 참여 구조를 설계하고, 참여 결과가 어떻게 정책에 반영되는지 명확한 피드백이 이뤄지는 체계를 마련해야 한다.

특히 주민 참여 예산제도의 경우 단순한 소규모 주민 제안 사업 공모에 머무르지 않고 중장기 재정 운용 계획에 주민의 관점을 반영하는 방향으로 제도를 고도화할 필요가 있다. 이를 위해 예산 편성 초기 단계부터 주민과의 숙의 과정, 지역별·계층별 균형을 고려한 의제 도출, 주민 대표와 공무원의 공동 심사 구조 등을 도입해 주민 참여의 영향력을 높여야 한다. 아울러 주민 참여 결과에 대한 평가와 환류 시스템을 구축해 참여 경험이 축적될수록 제도의 품질이 향상되는 학습형 거버넌스를 확립해야 한다.

정보 공개와 행정 투명성의 획기적인 확대

주민 참여 활성화를 위해서는 지역 주민이 공공정보에 쉽게 접근해 정책을 이해하고 의견을 제시·형성할 수 있는 환경을 마련해야 한다. 정보의 비대칭성이 심할수록 주민은 행정과 정책을 '전문가의 영역'으로 인식하게 되고, 이는 참여를 포기하거나 수동적 수용자로 남게 하는 원인이 된다. 따라서 지방자치단체는 예산, 결산, 공공사업, 조례 제·개정, 도시 계획, 복지 정책 등 주민 삶에 직접 영향을 미치는 정보를 일상적 언어로 이해하기 쉽게 투명하게 제공하고, 시각 자료나 온라인 콘텐츠를 적극 활용해 정보 접근성을 높여야 한다.

특히 행정의 투명성을 확보하기 위한 정보 공개는 단순한 자료 게시 수준을 넘어야 한다. 주민이 관심을 가질 만한 핵심 지표를 선별하고 정책의 목적과 집행 과정, 기대 효과와 위험 요소를 균형 있게 설명하는 해설형 정보를 운영할 필요가 있다. 나아가 공공데이터의 개방 범위를 확대하고 주민과 시민 단체, 연구자들이 데이터를 활용해 지역의 주요 아젠다를 제기하고 대안을 제시할 수 있도록 지원함으로써 데이터 기반의 주민 참여 환경 조성 체계를 구축해야 한다.

서울시의원 아무나 하나

주민 자치 역량의 체계적인 강화

제도가 아무리 잘 설계돼 있다고 해도 주민이 참여할 수 있는 역량과 자신감을 갖추지 못하면 무용지물이다. 주민 참여는 단순한 여론 표출을 넘어 정책 이해, 정보 분석, 토론과 합의 형성, 책임 있는 의사 결정의 능력을 요구하는 과정이다. 따라서 지방자치단체와 교육기관, 시민 단체가 협력해 주민 대상 자치 역량 강화교육을 체계적으로 제공하고 일회성 강좌를 넘어 지속적인 학습과 실천이 연계되도록 하는 교육 모델을 발굴해야 한다.

이를 위해 생활 정치·생활 자치 교육, 예산 이해 교육, 갈등관리·협상 교육, 회의 운영법 교육 등 실제 참여 과정에서 필요한 실천적 내용을 교육 프로그램에 포함할 필요가 있다. 청소년, 청년, 중장년, 노년 등 세대별 특성을 고려한 맞춤형 교육과 장애인·이주민·돌봄 노동자 등 사회적 약자를 포함하는 포괄적 교육 설계도 중요하다. 주민이 이 같은 교육을 통해 정책과 행정을 두려워하지 않고, 자신의 삶과 지역사회의 변화를 스스로 기획하는 '생활 속 참여민주 시민'으로 성장하도록 돕는 것이 중요하다.

주민 참여 플랫폼 마련과 조직 구축

주민 참여가 활성화되기 위해서는 주민이 쉽게 모이고 논의하며 실천할 수 있는 공간과 조직이 필요하다. 주민 자치 센터, 마을 공동체 지원센터, 마을회관, 작은도서관, 사회적 경제 조직 등은 주민이 지역 의제를 발굴하고 공동체 활동을 전개하는 주요 거점이 된다. 지방자치단체는 이 같은 공간과 조직을 단순한 프로그램 제공의 장으로만 보지 말고, 주민 스스로 의제를 발굴·토론하고 의사결정을 해나가는 자치 플랫폼으로 육성해 가야 한다.

또한 주민자치회, 마을회의, 생활권 단위 협의체 등 다양한 형태의 주민자치 조직을 제도적으로 지원해 민주적 운영 원리가 정착되도록 힘써야 한다. 이를 위해 조직 구성과 운영에 관한 최소한의 규범과 교육을 제공하되 각 지역이 고유의 문화와 관행에 맞는 자치 방식을 창조할 수 있도록 자율성을 보장해야 한다. 나아가 이 같은 주민 조직들이 지방의회, 행정과 상시로 소통할 수 있는 공식 통로를 마련해 주민 참여가 개별 사업 단위를 넘어 지역 거버넌스 구조로 자리잡도록 할 필요가 있다.

지방정부의 참여친화적 행정문화 조성

　지방정부의 공무원이 주민 참여를 업무의 부담이나 통제요인으로 인식하면 법과 제도상 주민 참여가 보장되어 있다고 해도 소극적 운영에 그치기 쉽다. 이를 위해 지방 행정 조직 내부의 인식과 문화가 열린 구조로 바뀌어야 한다. 지방자치단체는 주민 참여를 행정의 기본 원리로 인식하고, 정책의 초기 단계부터 참여를 기획하며 주민과의 협력을 행정성과의 중요한 지표로 설정하는 업무 혁신이 필요하다.

　이를 위해 초·중간 관리자급 공무원을 대상으로 한 주민 참여·거버넌스 전문교육을 강화하고, 참여 과정에서 발생하는 갈등을 조정·관리할 수 있는 전문 인력을 양성할 필요가 있다. 또한 주민 참여를 우수하게 추진한 부서와 공무원을 인사·평가에서 적극적으로 우대해 참여친화적 행정이 조직 전체에 파급되도록 유도해야 한다. 행정조직 내에서 주민을 '고객'이 아닌 '동등한 파트너'로 인식하는 문화가 정착될 때 주민 참여는 보다 활성화할 수 있는 토양이 조성될 수 있다.

지방의회의 대표성과 소통 기능 강화

지방의회는 주민의 대표기관으로서 주민 참여 확대의 촉진자이자 조정자 역할을 수행해야 한다. 그러나 현실에서는 지방의회가 주민과 충분히 소통하지 못하고, 집행부 감시와 대안 제시에 집중하지 못한다는 비판이 지속적으로 제기된다. 주민 참여 활성화를 위해서는 지방의회가 주민의 다양한 이해관계를 수렴하고 이를 정책과 예산에 반영하는 대표성의 기능을 실질적으로 강화하는 방향으로 자기 혁신에 나설 필요가 있다.

구체적으로 지방의회는 상임위원회 단위의 공청회와 토론회, 주민 청원 심사 절차, 지역별 찾아가는 간담회 등 상시적인 소통 채널을 확대해야 한다. 또한 의정 활동을 주민에게 투명하게 공개하고 의사진행 과정과 결정 결과를 이해하기 쉬운 형태로 설명함으로써 주민의 신뢰를 높여야 한다. 나아가 지방의원 스스로 주민 참여의 가치를 적극적으로 옹호하고 제도 개선과 예산 심의 과정에서 주민의 의견을 반영하는 실천을 통해 지방의회가 주민 참여 활성화의 핵심 주체로 자리매김하도록 해야 한다.

디지털 기술을 활용한 참여 플랫폼 고도화

바야흐로 디지털 기술의 시대다. 초고속 인터넷을 넘어 스마트폰과 인공지능(AI) 시대가 도래했다. 이 같은 정보 통신 기술의 발달은 주민 참여의 방식과 범위를 크게 확장시킬 수 있는 기회다. 온라인 설문 조사, 전자 청원, 모바일 투표, 온라인 공론장 등 디지털 기반 참여 플랫폼은 시간과 공간의 제약을 크게 줄여 보다 다양한 주민이 참여할 수 있는 환경을 조성할 수 있다. 지방자치단체는 이 같은 기술적 수단을 적극 활용해 특히 청년층·직장인·돌봄 대상자·고령층 등 오프라인 참여가 어려운 계층이 손쉽게 의견을 개진하고 논의에 참여할 수 있도록 해야 한다.

다만 디지털 참여 플랫폼은 형식적 참여의 양적 확대에 그칠 위험도 함께 지닌 만큼 온라인 참여의 결과를 정책과 예산 결정 과정에 실질적으로 연계할 수 있는 절차를 명확히 하고 무분별한 여론조사나 인기 투표식 참여로 흐르지 않도록 숙의와 정보 제공을 결합한 플랫폼 설계를 고민해야 한다. 또한 디지털 격차로 인해 고령자, 저소득층, 농산어촌 주민 등이 소외되지 않도록 오프라인 참여 채널과 병행하고 디지털 역량을 높이기 위한 교육 및 지원 프로그램을 함께 마련해야 한다.

사회적 약자와 소수자 참여 제도적 보장

　주민 참여가 진정한 의미를 가지려면 다양한 사회적 집단이 동등하게 목소리를 낼 수 있어야 한다. 그러나 현실에서는 장애인, 노인, 여성, 이주민, 청소년, 저소득층 등 사회적 약자와 소수자의 의견은 주민 참여 과정에서 충분히 반영되지 못하는 문제가 있다. 이는 물리적 접근성의 문제, 정보 격차, 문화적·언어적 장벽, 시간·돌봄 부담 등 복합적 요인에서 비롯된다.

　따라서 지방자치단체는 주민 참여제도 설계 단계부터 사회적 약자의 참여권을 명시적으로 보장하는 규정을 두고 참여 기구 구성 시 일정 비율 이상을 배정하는 등 실효적 장치를 마련해야 한다. 회의 시간과 장소를 조정하고, 통역·보조기기·돌봄 서비스 등 참여 지원 체계를 구축함으로써 실제 참여가 가능하도록 지원해야 한다. 나아가 사회적 약자 당사자 조직과의 협력을 통해 정책 기획 초기 단계부터 이들의 관점이 반영되도록 '포괄적 거버넌스'를 확립해야 한다.

지역 시민사회와의 협력 거버넌스 구축

주민 참여는 개별 주민의 참여와 더불어 시민 단체, 전문가 그룹, 마을공동체 등 다양한 중간 조직의 역할을 통해 질적으로 강화될 수 있다. 시민 사회 조직은 주민의 이해를 대변하고 정책을 분석하며 대안을 제안하는 역할을 수행해 참여 과정의 전문성과 지속성을 높이는 데 기여할 수 있다. 지방자치단체는 시민사회를 '견제자'이자 '협력 파트너'로 인식하고 제도화된 협의·협력 구조를 마련할 기회를 모색해야 한다.

이를 위해 정책 분야별 민관협의회, 거버넌스 위원회, 분야별 공론장 등을 제도화하고 시민사회가 안정적으로 참여할 수 있도록 일정한 지원과 자율성을 보장해야 한다. 또한 시민사회와의 협력을 통해 주민 참여 사례를 발굴·확산하고 우수 사례를 공유해 지역 간 학습과 교류를 촉진할 수 있다. 이 같은 협력 거버넌스가 정착될 때 주민 참여는 단기 사업을 넘어 지역사회 전반의 문제를 실질적으로 해결하는 통로로 작동할 수 있을 것이다.

갈등 관리와 숙의 민주주의 기반 강화

주민 참여가 활성화될수록 이해관계의 충돌과 갈등은 불가피하게 발생한다. 문제는 이를 어떻게 관리하느냐가 참여의 지속 가능성을 좌우한다는 것이다. 주민 참여를 단순한 찬반 대결의 장으로 방치할 경우 사회적 분열과 피로감이 누적돼 오히려 참여 회피와 냉소를 초래할 수 있다. 따라서 지방자치단체는 갈등 조정을 행정의 핵심 기능으로 인식하고 정책 수립 초기 단계에서 갈등 가능성을 진단하고 예방하는 체계를 구축해야 한다.

이를 위해 중립적 진행자(퍼실리테이터), 전문 조정자, 숙의 과정 설계자 등 갈등관리 전문 인력을 양성·배치하고, 시민 배심원제, 공론 조사 등 숙의 민주주의 기법을 적극 도입해야 한다. 이 같은 제도와 역량이 뒷받침될 때 주민 참여는 단순한 양적 확장이 아니라 상호 이해와 공존의 지혜를 축적하는 과정으로 전진할 수 있다. 나아가 갈등 관리 경험을 체계적으로 기록·분석해 향후 유사 정책 추진 시 참고할 수 있는 지식 자산으로 관리하는 것도 중요한 과제이다.

서울시의원 아무나 하나

참여성과 평가와 환류 시스템 정교화

주민 참여 활성화를 위한 다양한 시도를 지속하기 위해서는 참여 성과를 객관적으로 평가하고 그 결과를 제도 개선에 반영하는 환류 시스템이 필요하다. 참여 과정과 결과를 평가하지 않을 경우 참여는 일회성 행사로 끝나거나 형식적 절차로 전락할 수 있다. 따라서 지방자치단체는 주민 참여의 양적 지표(참여 인원, 회의 수 등)뿐 아니라 질적 지표(의제의 다양성, 반영 정도, 참여자 만족도, 정책 영향 등)를 포함한 평가 체계를 설계해야 한다.

또한 평가 과정에서 주민과 외부 전문가가 함께 참여하게 함으로써 행정 내부의 자기평가에 그치지 않도록 해야 한다. 평가 결과는 주민에게 투명하게 공개하고 문제점과 개선 방향을 명확히 제시할 때 주민과의 신뢰를 구축할 수 있다. 이같은 평가와 환류 시스템을 통해 주민 참여 정책은 지속적으로 학습·개선되며 장기적으로 지역 특성에 맞는 고유한 참여모델을 정착시킬 수 있다.

중앙정부의 지원과 분권의 조화로운 추진

지방자치단체의 주민 참여 정책은 중앙정부의 법·제도, 재정, 행정적 지원과 긴밀히 연계돼 있다. 중앙정부가 분권을 확대하고 주민 참여를 강조하면서도 실제로는 중앙의 지침과 평가, 재정지원 기준이 지방의 자율적 실험을 제약하는 경우가 많다. 주민 참여 활성화를 위해서는 중앙정부가 지방의 자율성을 존중하면서도 최소한의 공통 기준과 지원체계를 마련하는 '지원적 분권'의 관점을 가질 필요가 있다.

이를 위해 중앙정부는 주민 참여 관련 가이드라인과 우수사례를 제공하고 지역 간 격차를 완화하기 위한 재정·인력 지원 프로그램을 운영해야 한다. 동시에 지방자치단체가 주민 참여 제도와 실험을 자유롭게 설계·운영할 수 있도록 규제 완화와 권한 이양을 병행해야 한다. 중앙과 지방 간의 상호 신뢰와 협력 속에서 다양한 주민 참여 모델이 발굴·확산되고 이를 통해 지방자치 전반의 민주성과 효율성이 제고되는 선순환을 형성하는 것이 중요하다.

서울시의원 아무나 하나

지역 특성을 반영한 맞춤형 참여 모델 개발

우리나라의 지역은 인구 규모, 산업 구조, 문화, 역사, 생활양식에서 큰 차이가 있다. 주민 참여 방식도 이 같은 특성에 따라 다양하게 달라질 수 있고 달라야 한다. 대도시와 농산어촌, 산업 도시와 관광 도시, 신도시와 구도심 등은 서로 다른 참여 의제와 방식, 조직 문화를 갖추고 있다. 따라서 주민 참여 활성화 과제는 획일적인 모델을 전국적으로 확산하는 것이 아니라 각 지역의 특성을 반영한 맞춤형 참여 모델을 개발하는 방향으로 나아가야 한다.

이를 위해 지방자치단체는 지역의 역사·문화·환경·경제 구조를 분석하고 주민과 함께 지역 고유의 의제를 도출하는 과정을 거쳐야 한다. 예를 들어 농촌 지역에서는 마을 계획과 공동체 돌봄, 도시 지역에서는 도시재생과 생활SOC, 관광 도시에서는 환경 보전과 관광 정책 등 분야별로 특화된 주민 참여 구조를 설계할 수 있다. 이 같은 맞춤형 모델은 다른 지역과의 교류를 통해 상호 학습과 변형을 거치며 특성에 맞게 변용, 발전시킬 수 있으며 장기적으로는 각 지역의 정체성과 자긍심을 강화하는 기반으로 작용할 수 있다.

3

조례가 바꾸는
시민의 삶

『한겨레신문』 '서울 &' 서울시 조례 분석 연재기

중앙정부는 국회에서 제·개정한 법률을 통해 정책을 시행하지만, 지방자치단체는 지방의회가 제·개정한 조례를 통해 해당 지역 주민 생활에 필요한 정책을 실행한다. 아주 간단한 사례를 들면 공원에서 자전거 타는 시간을 정하거나 청소년 밤길 안전 규칙을 만드는 것 등이다. 법률은 전국에서 지켜야 하지만 조례는 해당 지역에만 적용된다.

조례는 자치법규로서 중앙정부의 법과 제도의 틈새를 조금 더 세밀하게 채워주는 기능을 한다. 헌법 제117조에 따르면 지방자치단체는 주민의 복리에 관한 사무를 처리하고 재산을 관리하며 법령의 틀 범위 안에서 자치에 관한 규정을 제정할 수 있다.

지방자치법 제22조는 '지방자치단체는 법령의 범위 안에서 그 사무에 관하여 조례를 제정할 수 있다. 다만 주민의 권리 제한 또는 의무 부과에 관한 사항이나 벌칙을 정할 때는 법률의 위임이 있어야 한다'고 규정해 헌법 제117조에서 명시된 '자치에 관한 규정'을 조례로 구체화하고 있다.

임기 4개월 정도가 남은 현 제11대 서울시의회가 처리한 조례는 2026년 1월 22일까지 총 2,920건에 달한다. 이 가운데 서울시민의 삶에 영향을 끼치거나 찬반 논란을 일으킨 주요 이슈와 관련한 조례를 '이런 조례! 저런 조례!'라는 제목으로 분석해 『한겨레신문』'서울 &'에 지난 1년여간 연재한 기사를 소개한다.

1부
나쁜 조례

〈국민의힘〉 장악 서울시의회,
학생인권조례 폐지 강행하나

※ 서울시의회는 2025년 12월 16일 본회의를 열어 대법원의 판단을 기다리는 학생
인권조례 폐지안을 가결했다. 시의회는 이날 오후 제333회 정례회 4차 본회의를
열고 '서울특별시 학생인권조례 폐지 조례안'을 재석의원 86명 중 찬성 65명, 반
대 21명으로 가결했다. 정근식 서울시 교육감은 유감을 표하며 재의를 요구하겠
다고 밝혔다.

2025년 11월 17일 오후 7시 20분, 〈국민의힘〉 의원이 다수인
서울시의회 교육위원회가 주민 조례 발안에 관한 법률에 따라
청구된 '서울시 학생인권조례 폐지 조례안'을 재석 11명 중 찬성
7명, 반대 4명으로 통과시켰다.

교육위는 '2025년 서울시의회 행정 사무 감사' 종료일인 이날 감
사를 마친 직후 바로 개최한 제333회 정례회 제4차 교육위원회에
서 학생인권조례 폐지 조례안을 상정한 이후 거수 방식으로 진행
한 표결에서 〈국민의힘〉 소속 박상혁, 이효원, 김경훈, 이종태,

이희원, 채수지, 황철규 시의원 등 7명이 찬성하고 더불어민주당 소속 전병주, 우형찬, 이소라, 최재란 시의원 등 4명이 반대해 원안대로 가결했다. 이번 교육위원회 가결로 '서울 학생인권조례 폐지 조례안'은 본회의로 안건이 이관됐다. 그러나 서울시의회는 지난달 26일까지로 돼 있는 주민 청구조 례안 처리 기한을 넘겼다.

이와 관련해 서울시의회 의사과 구자완 의사 팀장은 "주민 조례 청구로 발의된 학생인권조례 폐지 조례안이 처리 시한을 넘기기는 했으나 주민 조례 발안 법률에 안건 폐기 규정이 없다"라며 "이달 15일까지인 시의회 예산결산위원회 심사가 끝나면 시의회 의장과 양당 대표 간 협의를 거쳐 학생인권조례 폐지 조례안에 대한 상정 여부를 결정할 것으로 보인다"라고 말했다.

실제로 '주민 청구 조례안 심사 절차'를 규정한 주민 조례 발안 법률 제13조 제3항을 보면 '주민 청구 조례안을 수리한 당시의 지방의회 의원의 임기가 끝나더라도 다음 지방의회 의원의 임기까지 의결되지 못한 것 때문에 폐기되지 않는다'고 돼 있어 주민 청구 조례안 폐기 규정은 없는 상태다. 이에 따라 국민의힘 소속 의원이 다수인 서울시의회 의석 분포상 언제든 본회의에 상정해 통과시킬 가능성이 높은 상태다. 현재 서울시의회 의석은 국민의힘 75석, 민주당 35석, 무소속 1석이다.

그간 서울 학생인권조례 폐지 시도는 서울시의회 인권·권익 향상 특별위원회(인권특위)의 발의안과 주민 조례 발안법에 따른 주민 청구 조례안 두 가지 방향으로 추진됐다. 인권 특위 발의안은 <더불어민주당> 이승미 전 교육위원장이 폐지조례안 상정을 거부하자 <국민의힘>이 인권 특위를 통해 폐지 조례안을 상정한 것이다. 이 안건은 지난해 4월 26일 본회의에서 통과됐지만 당시 조희연 서울시 교육감의 재의 요구와 이에 대한 시의회 재의결을 거친 이후 서울시교육청이 제기한 무효 확인 소송 제기 및 집행 정지 신청에서 대법원이 집행 정지를 받아들이면서 현재까지 대법원의 본안 판단을 기다리는 중이었다.

이에 <국민의힘>은 지난 2023년 2월 14일 서울시민 총 4만 4,865명의 유효 서명으로 시의회가 청구 수리한 학생인권조례 폐지 조례안에 대한 의결 기간을 1년 연장해 지난달 17일 교육위원회에서 조례안을 상정, 가결했다. 시의회는 대법원의 집행정지 기간을 제외한 지난달 26일을 주민조례청구 의결 기한으로 최종 확정한 바 있다.

지난 4차 교육위 정례회의에서 안건을 상정한 박상혁(국힘·서초 1) 교육위원장은 "주민발안에 의한 학생인권조례 폐지조례안은 지난번 안건과 내용상 동일하지만 주민 조례 발안법상 법률 위반이 발생하지 않도록 기한 내 처리해야 한다"라며 법적 요건을 명분을 내세워 학생인권조례 폐지 조례안 표결을 밀어붙였다.

당시 회의에서 전병주(민주당·광진 1) 의원은 "학생 인권 조례는 시민 참여의 결과물이자 지방자치의 자랑스러운 역사로 이를 폐

지하는 것은 우리 사회가 쌓아온 인권 감수성의 후퇴"라며 "위축
된 학교 내 민주주의와 학생 자치 문제 등 학생의 인권과 기본권
이 보장되지 못하는 상황에서 학생 인권 조례는 여전히 필요하고
더 보완될 필요가 있다"고 폐지 조례안을 반대했다.

같은 당 이소라(비례) 의원도 "시의회가 폐지 조례안을 통과시킬
경우 불러올 사회적 파장은 매우 클 것"이라며 "교권과 학생 인권
은 대립, 갈등하는 시소게임이 아니라 상호 발전해야 하는 관계이
므로 반대 표결을 요청한다"라고 호소했다.

반면 〈국민의힘〉 소속 이효원(비례) 의원은 "학생인권조례 폐지
는 학생인권의 후퇴가 아니라 진일보한 것으로, 함께 각자의 영역
에서 책임과 권리를 함께 누리자는 것"이라며 폐지 찬성을 지지
했다.

정근식 서울시교육감은 교육위 가결 직후 낸 입장문에서 "시의
회가 지난해 6월 폐지 의결(재의결)한 학생 인권 조례에 대한 대법
원의 집행 정지와 무효 확인 소송 재판이 진행 중임에도 다시금
폐지를 의결한 것은 불필요한 법률적 논쟁과 행정 낭비를 초래하
는 것"이라며 "우리 교육이 상호 존중과 협력의 가치를 회복할 수
있도록 서울시의회는 학생인권조례 폐지 조례안을 부결해 달라"
라고 촉구했다.

한편, 직원들의 퇴진 압박을 받는 안창호 국가인권위원회 위원
장도 "학생 인권 보호와 학교 현장이 요구하는 교권 보장은 대립

서울시의원 아무나 하나

관계에 있지 않다"라며 이례적으로 폐지 조례안에 대한 반대 의사를 표명했다.

📝 박상현 객원기자 shpark0120@gmail.com

지난달 17일 열린 서울시의회 제333회 정례회 제4차 교육 위원회에서 진행된 '서울시 학생 인권조례 폐지 조례안'에 대한 거수 표결에서 〈국민의힘〉 소속 의원 7명이 찬성 거수를 하고 있다. (사진 중앙에서 시계 방향) 박상혁 교육위원장, 채수지, 황철규, 김경훈, 이종태, 이희원, 이효원 시의원) [사진=서울시의회 교육위원회 영상회의록 캡처]

〈국민의힘〉이 폐지한
'서사원' 국회서 부활할까

서울시에는 현재 사회서비스원이 없다. 서울시사회서비스원(이하, 서사원)은 박원순 전 시장 재임 시절인 2019년 2월 28일 서울시가 노인·장애인 등에게 돌봄 서비스를 직접 제공하기 위해 설립한 공공기관이다. 〈국민의힘〉이 다수인 現 서울시의회는 서사원 경영 실태가 방만하고 공공 기능을 다하지 못한다며 지난해 4월 '서사원 설립 및 운영 지원 조례 폐지 조례안'을 통과시켰다. 오세훈 서울시장 보좌관 출신이 대표로 있던 서사원은 곧장 이사회를 열어 해산을 의결하고 서울시가 이를 승인해 7월 말 사업이 종료됐다. 설립한 지 고작 5년 만이다.

사회서비스원은 지난 2017년 7월 국정 자문 위원회 주관으로 '사회서비스원 공단'에 대한 기본 방향이 발표되면서 설립이 추진되기 시작해 2019년 보건복지부 예산안에 사회서비스원 설립 및 운영 사업의 시범사업이 신규 편성돼 본격적으로 진행됐다.

이에 서울시는 2021년 9월 24일 국회에서 '사회서비스 지원 및 사회서비스원 설립·운영에 관한 법률'(이하 사회서비스원법)이 제정되기도 전인 2019년 1월 3일 '서사원 설립 및 운영 지원 조례'를 제정해 지방자치 단체 출연기관 형태로 서사원을 설립했다. 2019년 당시 서울시는 대구광역시·경기도·경상남도와 함께 보건복지부 시범 사업 대상으로 선정돼 서사원 운영을 시작했다.

서사원 설립은 사회구조 변화에 따라 노인·아동 돌봄 등 사회 서비스에 대한 요구가 지속적으로 증가하는 가운데 사회서비스에 대한 공공적 성격에도 불구하고 민간 영역에 대한 의존도가 높아 공공성 확보를 위해 공공 부문의 역할을 강화할 필요성이 제기된 데 따른 것이었다. 특히 사회서비스의 공공성을 높이고 일자리의 질적 수준을 높이기 위해 사회서비스 직접 제공 주체로 서 민간의 전문성과 공공의 투명성을 결합한 방식으로 등장한 것 이 서사원이었다.

해산 직전인 지난해 1월 말 기준 서사원은 돌봄 서비스 직접 제공기관으로 본부와 별도로 총 13개의 서비스 제공기관을 운영하고 있었다. 서비스 제공기관으로는 재가 요양 서비스를 제공하는 모두 돌봄센터 4개소(서남·서북·동남·동북)와 장애인 활동 지원기관 1개소, 주간 돌봄 센터 2개소, 국공립 어린이집 6개소가 있었다.

그러나 지난 2022년 7월 개원한 11대 서울시의회 국민의힘 소속 의원들은 줄곧 서사원의 예산 운용이 방만하다는 등 끊임없는 비판을 이어왔다. 김영옥 의원(국힘·광진 3)은 지난 2022년 11월 7일 보도자료에서 "서사원 어린이집 급·간식비 평균 단가가 서울시 급·간식비 평균 단가인 2,543원보다 약 1.6배 높은 4,074원인 점, 요양 보호사가 서비스 제공 시간에 관계없이 무조건 월 225만 원의 기본급을 받는 인건비 구조 등 다른 기관과의 형평성에 맞지 않는 방만한 예산 운용을 했다"라고 지적했다.

9일 뒤인 11월 16일 유만희 의원(국힘·강남 4)은 "서사원이 운영하는 종합 재가센터, 주간 보호 센터, 국공립 어린이집 등 막대한 예산과 인력 투입에도 불구하고 저조한 성과를 보이며 부실하게 운영되고 있다"라며 "이는 서사원의 재구조화 필요성을 여실히 보여주는 증거"라며 비판했다. 지난해 3월 13일 윤영희 의원(국힘·비례)도 보건복지위원회 임시회에서 서사원이 '공적 돌봄서비스 강화'라는 본연의 기능을 회복하라는 서울시의회 지적을 이행하지 않고 있다며 공격을 이어갔다.

그 사이 보건복지위원장이었던 강석주 의원(국힘·강서 2)은 지난해 2월 5일 서사원 폐지조 례안을 발의했다. 당초 설립 취지와 달리 공적 사회서비스 제공기관으로서 공공성을 담보하지 못했다는 것이 제안 이유였다. 시의회는 2022년 말 '2023년도 예산 심의' 과정에서 서사원 출연금 100억 원을 삭감하기도 했다. 마치 결론이

서울시의원 아무나 하나

정해진 한 편의 각본 같은 모습이 연출됐다.

그러나 서사원은 국힘 의원들의 줄기찬 비판과 달리 2022년 보건복지부 경영평가에서 A등급을 받고 인센티브 1,500만 원을 받았다. '전임자 행정 지우기'라는 지적이 나왔던 배경이다.

전은경 참여연대 사회인권팀장은 "'약자와의 동행'을 강조하던 오세훈 서울시장은 재의 요구도 하지 않은 채 서사원 폐지조례안을 공포해 버렸다"라며 "공공 돌봄을 시행하는 이유는 민간보다 비용이 적게 들어서가 아니라 꼭 필요한 돌봄을 받지 못하는 시민이 없어야 하기 때문"이라고 『한겨레신문』 기고에서 밝혔다.

민주노총과 한국노총, 참여연대는 지난 9일 국회 앞에서 사회서비스원을 시도에 의무적으로 설치하도록 하는 내용의 사회서비스원법 개정안 연내 통과를 촉구하는 기자회견을 가졌다. 법이 개정되면 서울시는 다시 사회서비스원을 설립해야 한다. 이들은 "사회서비스원이 민간 중심의 사회서비스 전달체계에서 빈번히 발생하는 서비스 제공 기피, 부적절한 시설 운영, 열악한 종사자 처우와 노동 조건, 이로 인한 돌봄 공백 등의 문제를 해결하기 위한 주요 정책 수단"이라며 국회 법제사법위원회의 즉각 상정과 본회의 통과를 촉구했다.

박상현 객원기자 shpark0120@gmail.com

민주노총, 한국노총, 참여연대가 지난 9일 국회 정문 앞에서 '사회서비스 지원 및 사회서비스원 설립·운영에 관한 법률 일부 개정 법률안(대안)'의 연내 통과를 촉구하는 기자회견을 하고 있다. [사진=참여연대 제공]

탈시설 조례 제정 2년 만에
폐지 불구 논란 여전

"재석의원 86명 중 찬성 61명, 반대 24명, 기권 1명으로 의사 일정 제35항 '서울특별시 장애인 탈시설 및 지역사회 정착 지원에 관한 조례 폐지 조례안'(이하 탈시설 조례)은 가결되었음을 선포합니다."

지난해 6월 25일 서울시의회에서 탈시설 조례가 폐지됐다. 조례 폐지는 매우 이례적인 경우로 보통 진행하던 사업이 중단되거나 종료되는 경우 조례의 존재 이유가 사라져 폐지 수순을 밟는데 탈시설 조례는 주민 조례로 청구 접수된 것을 당시 김현기 서울시의회 의장이 직접 폐지 조례안을 발의해 폐지에 이르게 됐다. 2022년 7월 11일 시행된 탈시설 조례가 불과 2년도 안 돼 폐지 운명을 맞게 된 것.

당시 탈시설 조례 폐지 조례안은 총 3만 3,908명의 서명부 중

2만 7,435명의 유효 서명이 확인돼 청구권자 수 2만5,000명 이상이어야 한다는 '서울시의회 주민 조례 발안 조례' 절차에 따라 청구됐다.

폐지 조례안의 제안 취지는 중증 장애인과 경증 장애인을 구분하지 않고 장애인 탈시설 정책을 추진함으로써 지역사회 정착이 불가능한 중증 장애인의 인권을 침해하는 결과를 야기할 수 있다는 것이었다.

장애인 거주 시설 이용자 브모회와 서울시 장애인 복지시설 협회가 주도한 것으로 알려졌는데, 지난 2023년 9월 명동성당 주보를 보면 '주교회의 요청으로 일괄적인 장애인 탈시설화 반대를 위한 서명을 성당 마당 부스에서 받고 있다'는 내용의 광고가 실리기도 했다.

지난 4월 서울 혜화동 성당 종탑에서 고공 농성에 나선 전국장애인차별철폐연대(전장연)와 전국탈시설장애인연대 소속 활동가들은 "천주교는 전국 175개 장애인 거주 시설을 운영하며, 시설 운영 주체로서의 이해관계에 얽매여 유엔 장애인 권리협 약에 명시된 탈시설 권리조차 거부하고 있다"고 주장, 당시 명동성당 주보에 이런 광고가 실린 배경을 짐작하게 한다.

서울시 탈시설 조례는 박원순 서울시장 재직 시절인 지난 2018년 서울시의원, 장애인 당사자, 장애인 부모, 시민 단체, 거주시설 및 유관기관, 학계 및 현장 전문가 등으로 구성된 서울시 탈시설 민관 협의체의 지속적인 논의와 협의를 거쳐 작성된 최종 협의안을 바탕으로 발의됐다. 당시 이에 반대하는 장애인단체들의 우려를 최대한 반영한 수정안을 가결했다고 탈시설 찬성 장애인 단체들은 설명한다. 4년에 걸쳐 어렵게 통과한 조례가 불과 2년 만에 없어진 셈이다.

당시 서울시의회 본회의에서 탈시설 조례 폐지 반대에 나섰던 오금란 시의원은 "서울시 탈시설 정책은 2009년 사회복지법인 석암재단 장애인 거주 시설 거주인 8명이 시설이 아닌 지역사회에서 살게 해달라고 외치며 혜화동 마로니에공원에서 무려 62일간의 노숙 농성을 통해 힘겹게 이루어진 것"이라며 "탈시설 조례안이 중증장애인의 인권을 침해한다고 밝히고 있으나 이는 탈시설 대상자 선정 시 민간 협의체 논의를 통해 충분히 조정 가능한 것"이라고 지적했다.

이에 대해 대체 입법 형태로 자립생활 지원 조례를 발의한 유만희 의원은 "'탈시설'이라는 용어가 없어졌다고 해서 시설 퇴소 장애인에 대한 지원이 없어지는 것이 절대 아니"라며 "탈시설 조례 제8조의 탈시설 지원사업 내용을 자립생활 지원 조례 제15조 지역사회 자립 지원 사업으로 명칭을 변경해 시설 퇴소자의 자립 지원 사업 외에 시설 퇴소 장애인과 재가 장애인까지 범위를 확대, 규정했다"고 탈시설 조례 폐지안에 찬성했다.

결국 탈시설 조례 폐지 조례안이 가결된 날 서울시의회는 자립생활 지원 조례(서울시 장애인 자립생활 지원 조례 일부 개정안)를 함께 통과시켰다. 서울시는 이에 대해 탈시설 조례에 담긴 내용이 자립생활 지원조 례에 포함돼 있어 장애인 탈시설 지원을 위한 정책이나 사업은 전혀 영향을 받지 않고 계속 이어지고 있다는 입장이다.

김소은 서울시의회 보건복지전문위원도 "탈시설 조례에 포함된 사업 내용을 자립생활 지원 조례에 모두 담았기 때문에 서울시의 탈시설 지원 정책이나 사업에는 전혀 영향이 없다"고 말했다.

그러나 탈시설 운동단체들은 이런 주장을 반박한다. 먼저 탈시설 조례가 규정한 '서울시 장애인 거주 시설 탈시설화 계획'을 '거주 시설 퇴소 장애인 자립 지원 기본계획'으로 변경하는 등 '탈시설'을 '거주 시설 퇴소'로 대체 사용한 것을 문제점으로 꼽는다. 탈시설은 단순히 물리적인 거처를 옮기는 것이 아니라 지역사회에서의 완전한 통합 과정 및 그 과정을 통한 장애 당사자의 권리 회복을 포함하고 있다는 것이다.

이 외에 탈시설 조례에 포함된 '거주 시설 변환' 개념의 삭제, 장애인 탈시설 지원을 위한 '기본 원칙' 삭제, '서울시장 책무' 축소, '탈시설 기본 계획 축소 및 기간 조항' 삭제, 서울시 탈시설 정책 '민관 협의체' 법적 근거 삭제, 탈시설 장애인에 대한 '소득 보장을 위한 공공 일자리 제공' 삭제, 탈시설 사업 수행을 위한 '자치구 또는 민간의 예상 지원' 삭제 등을 문제로 지적하고 있다.

이정하 장애와인권발바닥행동 활동가는 "서울시는 탈시설 지원 사업이 차질 없이 진행되고 있다고 하지만 관련 예산이 시설 예산으로 집행되고 있어 진정한 의미의 '탈시설'과는 거리가 멀다"며 "유엔 장애인 권리 협약과 탈시설 가이드라인에 기반한 제3차 서울시 장애인 거주 시설 탈시설화 계획도 아직 나오지 않고 있다"고 지적했다.

유엔 장애인권리협약(CRPD)은 지역사회에서의 생활과 통합을 지원하고 지역사회로부터 소외나 분리를 방지하도록 탈시설화 정책을 명시적으로 언급하고 있다.

박상현 객원기자 shpark0120@gmail.com

지난달 24일 전국탈시설장애인연대 등이 서울 종로구 국정기획위원회 앞에서 ‘이재명 정부 국정과제 탈시설 촉구 기자회견’을 열고 있다. [한겨레=최현수 기자]

한겨레

2025년 07월 03일

탈시설 조례 제정 2년 만에 폐지 불구 논란 여전

이런 조례 저런 조례 | **서울시 장애인 탈시설 조례 폐지**

“재석 의원 86명 중 찬성 61명, 반대 24명, 기권 1명으로 의사일정 제35항 ‘서울특별시 장애인 탈시설 및 지역사회 정착지원에 관한 조례(탈시설조례) 폐지조례안’은 가결되었음을 선포합니다.”

지난해 6월25일 서울시의회에서 탈시설조례가 폐지됐다. 조례 폐지는 매우 이례적인 경우다. 보통 진행하던 사업이 중단되거나 종료되는 경우 폐지 수순을 밟게 된다. 탈시설조례는 주민조례로 청구 접수된 것을 당시 김현기 서울시의회 의장이 직접 폐지조례안을 발의해 폐지에 이르게 됐다. 2022년 7월11일 시행된 탈시설조례가 불과 2년도 안돼 폐지 운명을 맞았다.

탈시설조례 폐지조례안은 총 3만3908명의 서명부 중 2만7435명의 유효서명이 확인돼 청구권자 수 2만5천 명 이상이어야 한다는 ‘서울시의회 주민조례발안 조례’ 절차에 따라 청구됐다.

폐지조례안의 제안 취지는 중증 장애인과 경증 장애인을 구분하지 않고 장애인 탈시설 정책을 추진함으로써 지역사회 정착이 불가능한 중증 장애인의 인권을 침해하는 결과를 야기할 수 있다는 것이었다.

장애인거주시설이용자부모회와 서울시장애인복지시설협회가 주도한 것으로 알려졌는데, 2023년 9월 명동성당 주보를 보면 ‘주교회의 요청으로 일괄적인 장애인 탈시설화 반대를 위한 서명을 성당 마당 부스에서 받고 있다’는 내용의 광고가 실리기도 했다.

지난 4월 서울 혜화동성당 종탑에서 고공농성에 나선 전국장애인차별철폐연대(전장연)와 전국탈시설장애인연대 소속 활동가들은 “천주교는 전국 175개 장애인 거주시설을 운영하며, 시설 운영 주체로서의 이해관계에 얽매여 유엔 장애인권리협약에 명시된 탈시설 권리조차 거부하고 있다”고 주장해 당시 주보에 광고가 실린 배경을 짐작하게 한다.

서울시 탈시설조례는 박원순 서울시장 재직 시절인 2018년 서울시의원, 장애인 당사자, 장애인 부모, 시민단체, 거주시설 및 유관기관, 학계 및 현장 전문가 등으로 구성된 서울시 탈시설 민관협의체의 지속적인 논의와 협의를 거쳐 작성된 최종 협의안을 바탕으로 발의됐다.

당시 서울시의회 본회의에서 탈시설조례 폐지 반대에 나섰던 오금란 시의원은 “서울시 탈시설 정책은 2009년 사회복지법인 석암재단 장애인거주시설 거주인 8명이 시설이 아닌 지역사회에서 살게 해달라고 외치며 혜화동 마로니에공원에서 무려 62일간의 노숙 농성을 통해 힘겹게 이뤄진 것”이라며 “탈시설조례담이 중증장애인의 인권을 침해한다고 밝히고 있으나 이는 탈시설 대상자 선정 시 민관협의체 논의를 통해 충분히 조정 가능한 것”이라고 지적했다.

이에 대해 폐지 입법 형태로 자립생활지원조례를 발의한 유만희 의원은 “탈시설이라는 용어가 없어졌다고 해서 시설 퇴소 장애인에 대한 지원이 없어지는 것이 절대 아니”라며 “탈시설조례 제8조의 탈시설 지원 사업 내용을 자립생활지원조례 제15조 지역사회 자립지원 사업으로 명칭을 변경해 시설 퇴소자의 자립 지원 사업 외에 시설 퇴소 장애인과 재가 장애인까지 범위를 확대, 규정했다”고 탈시설조례 폐지안에 찬성했다.

결국 탈시설조례 폐지조례안이 가결된 날 서울시의회는 자립생활지원조례(서울시 장애인 자립생활 지원 조례 일부개정안)를 함께 통과시켰다. 서울시는 탈시설조례에 담긴 내용이 자립생활지원조례에 포함돼 있어 장애인 탈시설 지원을 위한 정책이나 사업은 전혀 영향을 받지 않고 계속 이어지고 있다는 입장이다.

김소은 서울시의회 보건복지전문위원도 “탈시설조례에 포함된 사업 내용을 자립생활지원조례에 모두 담았기 때문에 서울시의 탈시설 지원 정책이나 사업에는 전혀 영향이 없다”고 말했다.

그러나 탈시설 운동단체들은 이러한 주장을 반박한다. 먼저 탈시설조례가 규정한 ‘서울시 장애인 거주시설 탈시설화 계획’을 ‘거주시설 퇴소 장애인 자립지원 기본계획’으로 변경하는 등 ‘탈시설’을 ‘거주시설 퇴소’로 대체 사용한 것을 문제점으로 꼽는다. 탈시설은 단순히 물리적인 거처를 옮기는 것이 아니라 지역사회에서의 완전한 통합 과정과 그 과정을 통한 장애 당사자의 권리 회복을 포함하고 있다는 것이다.

이정하 장애와인권발바닥행동 활동가는 “서울시는 탈시설 지원사업이 차질 없이 진행되고 있다고 하지만 관련 예산이 시설예산으로 집행되고 있어 진정한 의미의 ‘탈시설’과는 거리가 멀다”며 “유엔 장애인권리협약과 탈시설 가이드라인에 기반한 제3차 서울시 장애인거주시설 탈시설화 계획도 아직 나오지 않고 있다”고 지적했다.

유엔 장애인권리협약(CRPD)은 지역사회에서의 생활과 통합을 지원하고 지역사회로부터 소외나 분리를 방지하도록 탈시설화 정책을 명시적으로 언급하고 있다.

지난달 24일 전국탈시설장애인연대 등이 서울 종로구 국정기획위원회 앞에서 ‘이재명 정부 국정과제 탈시설 촉구 기자회견’을 열고 있다. 최현수 기자

박상현 객원기자 shpark0120@gmail.com

〈국민의힘〉이 일방 폐지한 TBS, 지방 선거 계기 정상화되나

올해 6월 3일 실시되는 지방 선거에서 '서울특별시장' 출마를 선언한 서영교 〈더불어민주당〉 의원이 폐업 위기에 처한 미디어 재단 티비에스(TBS) 정상화에 나서겠다는 입장을 밝혔다. 서 의원은 지난 11일 국회 소통관에서 기자회견을 열어 "오세훈 서울시장과 〈국민의힘〉이 장악한 서울시의회의 독단적인 조례 폐지로 TBS는 2024년부터 단 한 푼의 예산 지원도 받지 못하는 사실상 '강제 폐국'의 길로 내몰렸다"며 "폐지된 서울시 조례를 다시 바로잡고 TBS에 대한 지원을 복원하겠다. 정부와 적극적으로 소통해 긴급 예산 지원 방안을 마련하고 서울시가 외면한 책임을 중앙 정부와 국회가 함께 보완하겠다"라고 정상화 의지를 천명했다. 이에 따라 〈국민의힘〉 소속의 서울시장과 서울시의회 반수 이상(현재 110석 중 74석) 구도가 지방 선거에서 뒤바뀔 경우 TBS가 다시 정상화할 수 있다는 기대감이 커지고 있다.

〈국민의힘〉에 의한 TBS 폐지는 2022년 7월 1일 제11대 서울시의회 개원과 동시에 속도전을 방불케 했다. 개원한 지 3일 만인 7월 4일 '서울특별시 미디어 재단 티비에스(TBS) 설립 및 운영에 관한 조례 폐지 조례안'(이하 TES 폐지 조례안)을 최호정 현 서울시의장이 대표 발의했고, 〈국민의힘〉 소속 시의원 76명 전원이 발의자에 이름을 올렸다. 폐지 조례안 시행일은 2023년 7월 1일. 1년의 유예기간을 뒀다.

이들은 폐지 조례안 제안 이유에서 "정보 통신 기술 발전과 교통 안내 수요에 대한 급격한 변화는 물론 방송 분야에 대한 서울 시민의 다양한 요구에 부응하기 위해 '미디어 재단 TBS 설립·운영 조례'를 폐지해 서울시 출자·출연 기관에서 제외, 민간 주도 언론으로서 독립 경영을 할 수 있게 한다"고 밝혔다.

'민간 주도 독립 언론'을 내세웠지만 TBS에 대한 서울시의회의 적대적인 태도는 사실상 '김어준'에서 비롯했다. 그가 진행하던 '뉴스공장' 프로그램의 편향성을 거론하며 시민의 세금이 그런 방송을 만드는 데 쓰이게 할 수 없다는 논리였다.

폐지 조례안은 이후 시행일을 2024년 1월 1일로 6개월 연장한 '문화체육관광위원회 수정안'이 2022년 11월 15일 서울시의회 본회의를 통과했다. 재석 73명 중 찬성 72명, 기권 1명(최민규). 모두 〈국민의힘〉 시의원이었다.

　　　　　　　　　　　　　서울시의원 아무나 하나

〈더불어민주당〉 'TBS 언론 독립 TF' 단장인 유정희 서울시의원(관악 4)은 당시 본회의 반대 토론에서 "TBS 폐지 조례안에 대한 문화체육관광위원회 심사가 11월 22일 예정돼 있었음에도 〈국민의힘〉 대표가 (언론) 인터뷰에서 11월 15일 통과할 예정이라는 기사를 발표했다"며 "타당한 이유도 없이 서둘러 의사 일정을 변경하고 안건을 상정하는 것은 TBS 폐지 조례안의 발의 목적이 TBS의 기능 정상화가 아닌 특정 정치 세력의 입맛에 맞지 않는 방송을 편성하는 TBS에 대한 지원을 끊는 것"이라고 비판했다.

반면 찬성토론에 나선 이효원 시의원(국힘·비례)은 "TBS의 시사 프로그램에 대한 지적과 논란은 11대 의회 전부터 끊이지 않았다"라며 "시사 프로 진행자에 대한 과도한 출연료 지급 문제부터 거짓·허위·왜곡 방송으로 겪게 되는 국민의 피로감 쌓일 대로 쌓였다"라고 TBS 개혁을 위한 불가피한 결정임을 주장했다.

TBS 폐지 조례안 가결로 서울시가 출연기관인 TBS에 출연금을 지원할 근거가 없어졌다. 한 해 예산의 약 70%를 서울시 출연금에 의존해 온 TBS가 생존의 위기에 직면한 것이다. 이후 폐지 조례 시행은 한 차례 추가 연장을 거쳐 2024년 6월 1일로 최종 확정됐다.

TBS에 대한 서울시 출연금은 2022년부터 줄어들기 시작했다. 2020년 347억 원, 2021년 375억 원에서 2022년 320억 원으로 줄었고 2023년에는 232억 원으로 100억 원 가까이 급감했다. 출연금이 끊긴 이듬해인 2024년, 서울시는 TBS 직원 생계 보호를 위해 인건비 등 명목으로 예비비 93억 원을 지원했다. 그나마 지난해에는 매월 1억 원의 광고비만 집행했다. 이 돈은 대부분 송출비용으로 쓰였다. TBS의 서울시 출연기관 지정 해제는 비상계엄 이전인 2024년 9월 11일 행정안전부 고시로 최종 확정됐다.

조례 폐지 당시 370여 명이었던 TBS 직원들은 현재 160여 명으로 줄어들었다. 지난 1년 반 동안 월급을 받지 못해 생계를 위해 각종 알바에 나서고 있다. 송지연 언론노조 TBS 지부장은 오는 3월에 열릴 것으로 예상되는 출연기관 지정 해제 취소 가처분 신청과 본안 소송에 기대를 걸고 있다. 이와 함께 지방 선거에 대한 기대감도 크다.

유정희 시의원은 "오는 6월 지방 선거에서 서울시장과 서울시의회의 구도가 달라진다면 출연기관 타당성 검토를 거쳐 'TBS 설립·운영 조례'를 다시 발의해 정상화할 수 있다"면서 "다만 타당성 검토에 1년 반 정도로 예상되는 만큼 이 기간에는 캠페인과 협찬 지원을 받을 수 있다"고 말했다. 그러나 송 지부장은 "박원순 시장 시절 이미 타당성 검토가 끝난 상황이기 때문에 〈민주당〉과 협의해 서울시의회가 바로 조례를 제정하면 된다"라고 말했다. TBS가 다시 시민을 위한 공영방송으로 복귀할지 주목된다.

박상현 객원기자 shpark0120@gmail.com

서울시의원 아무나 하나

김현 〈더불어민주당〉 국회의원과 언론장악저지공동행동이 지난해 9월 공동으로 주관해 국회에서 개최한 '공영방송 TBS, 어떻게 복원할 것인가' 토론회 모습 [사진=유정희 서울시의원 제공]

한겨레

국민의힘 일방 폐지 TBS, 지방선거 계기 정상화되나

이런 조례! 저런 조례! | 서울특별시 미디어재단 TBS 설립 및 운영에 관한 조례 폐지조례안

김현 더불어민주당 국회의원과 언론장악저지공동행동이 지난해 9월 공동으로 주관해 국회에서 개최한 '공영방송 TBS, 어떻게 복원할 것인가' 토론회
[사진=유정희 서울시의원 제공]

유네스코 세계 유산 종묘 앞
초고층 재개발 길 터준 조례

서울시가 유네스코 세계 유산 종묘 인근 세운4구역에 최고 145m 높이 초고층 건물을 지을 수 있는 재개발 계획을 공시하며 국가유산청과 갈등을 빚는 가운데 이를 가능하게 한 서울시의회 조례에 관심이 쏠리고 있다.

이번 초고층 빌딩 건립의 길을 터준 조례는 서울시의회가 지난 2023년 9월 15일 본회의에서 가결한 '서울특별시 문화재 보호 조례 일부 개정안'이다. 이 개정안은 김규남 의원(국민의힘·송파 1)이 발의했다. 핵심은 역사 문화 환경 보존지역 외의 규제를 허용할 수 있도록 하는 포괄적·추상적 조항을 삭제하는 것으로, 문화재 반경 100m 이내의 역사 문화 환경 보존 지역 밖이라도 문화재에 영향을 미칠 것이 확실하다고 인정되면 인허가를 재검토해야 한다는 제19조 제5항을 없앴다.

당시 김 의원은 제안 이유에서 "문화재보호조례 제19조 제1항부터 제4항은 국가 및 시(市)지정문화재의 역사 문화 환경 보존 지역 범위를 정하여 이 지역 내의 건설공사 시행이 지정 문화재 등의 보존에 영향을 미칠 우려가 있는 행위 여부를 검토하도록 규정하고 있다"면서 "그러나 같은 조례 제19조제5항은 상위법인 '문화재보호법'에서 위임하지 않은 사항인 역사 문화 환경 보존 지역 바깥에 대해서도 포괄적·추상적 규제를 두고 있어 이를 삭제, 불필요한 규제를 개선함으로써 문화재와 시민의 삶이 공존·상생하는 환경을 조성하고자 한다"라고 밝혔다.

제19조 제1항부터 제4항까지는 국가 지정 문화재와 시지정 문화재 보존 지역 범위를 각각 보호 구역 외곽 경계 100m 이내와 50m 이내로 지정, 보존 지역에서 건설 공사를 시행할 때 △ 문화재 주변 건축물 높이 기준을 초과하거나 △ 문화재 보존에 영향을 미칠 가능성이 높은 것으로 인정되는 경우 △ 문화재 보호 구역 경계에 직접 접해있는 지역 등에 대해 문화재 현상을 변경하는 행위 인지와 문화재 보존에 영향을 미칠 우려가 있는 경우 등을 판단하도록 하고 있다.

또한 건설공사에 대한 인·허가를 행하는 시장 또는 구청장은 역사문화환경 보존지역 범위를 초과하더라도 건설공사 시 문화재에 영향을 미치는지를 검토하고 결과에 따라 문화재청(現 국가유산청) 등과 협의를 거치도록 하고 있다.

김 의원은 한겨레와의 통화에서 "조례 개정 당시 종묘를 표적으로 한 것은 아니지만, 지역구(송파구 풍납동) 주민들이 문화유산 규제로 인해 고통받고 있는 상황을 고려해 여러 조례를 살펴보다 보존 지역 밖까지 규제하는 것은 과도하다고 판단했다"라며 "풍납동 문화유산의 경우 역사문화환경 보존지역 밖의 지역까지 국가유산청이 규제하는 것이 맞는가 하는 의문이 생겨 해당 조항을 삭제하게 됐다"라고 말했다.

그는 또 "상위법에 위임된 사항은 역사 문화 환경 보존지구를 지정하는 것이지, 나머지 사항에 대해서는 국가유산청과 협의해야 한다는 것은 아니라고 판단해 당시 세 군데 법률 검토를 거쳐 개정에 나서게 됐다"라며 "이번에 나온 대법원 판결도 같은 취지"라고 덧붙였다.

다만 김 의원은 이번 논란과 관련해 "유산청이 규제기관이다 보니 서울시와 의견이 극단적으로 갈리고 있는 만큼 양자 대화보다는 국무 조정 역할을 하는 국무총리실이 나서서 3자 대화를 통해 조정·협의할 필요가 있다"라며 "단순히 건물 높이의 문제라기보다 지정 범위 등 기준이 모호하기 때문에 이번 기회에 이를 명확하게 정립하길 바란다"고 강조했다.

서울시 이민경 대변인은 지난 17일 국가유산청장이 제안한 관계 기관 회의를 적극 환영한다는 견해를 밝혔다. 다만 오세훈 서울시장은 지난 18일 세운4구역 건물 높이를 2배 가까이 올렸을 때를 가정한 시뮬레이션 이미지를 공개하며 "기를 누를 정도로 압도적인 경관은 아니다"라며 "(김민석 국무총리가) 극한 갈등 국면에 화력을 보태는 건 이해할 수 없다"라고 주장했다.

한편, 지난 2023년 8월 14일 문화재 보호 조례 개정 조례안 발의에 찬성자로 이름을 올린 의원은 〈국민의힘〉 28명이었으며 〈더불어민주당〉은 한신(성북 1) 의원만 유일하게 이름을 올렸다. 이어 9월 11일 열린 서울시의회 문화체육관광위원회는 해당 개정안에 대해 단 1명의 이의 없이 가결했고, 15일 서울시의회 본회의에서는 재석의원 61명 전원 찬성으로 통과됐다. 61명 모두 〈국민의힘〉 소속이었다. 문화재보호조례는 지난해 5월 폐지되고 '서울특별시 국가유산 보존 및 활용에 관한 조례'로 대체 입법됐다.

박상현 객원기자 shpark0120@gmail.com

지난 18일 제333회 정례회 시정 질문이 열린 서울시의회 본회의장 모니터에 오세훈 서울시장 답변모습이 표시되고 있다. 연합뉴스

지난 6일 오후 서울 종로구 한 아파트에서 내려다본 종묘 일대의 모습.
김영원 기자 forever@hani.co.kr

2부
논란이 된 조례

또다시 무릎 꿇어 통과된
'장애 학생 위한 특수학교'

"재석의원 73명 중 찬성 71명, 반대 1명, 기권 1명으로 의사 일정 제119항은 가결되었음을 선포합니다."

지난 12일 오전 11시 열린 서울특별시 의회 본회의에서 '서울특별시교육청 2025년도 4차 수시분 공유 재산 관리 계획안'(119항)이 통과됐다. 이 안건은 지체 장애 학생을 위한 특수학교인 '성진 학교' 신설을 위한 공유 재산 관리 계획안'이다.

최호정 서울시의회 의장은 가결 뒤 "성동구에 장애 학생들을 위한 성진 학교 설립을 위해 서울시의회는 방금 교육청 공유 재산 관리 계획안을 통과시켰다"며 "서울의 모든 아이들이 똑같이 충분한 돌봄을 받고 인근 주민들이 바라는 편의시설을 갖게 되어 함께 웃는 것은 우리 공동체 구성원 모두의 바람"이라고 말했다.

이어 그는 "이젠 교육청의 시간이다. 적극 나서야 한다. 아무 일하지 않고 내년을 기다릴 게 아니라 지금, 이 순간부터 설계 준비에 들어가고 11월 초로 예정된 2차 추경 때 설계비를 포함해야 한다. 교육청의 의지를 보여 달라"고 강조했다.

앞선 9일 서울시의회 교육위원회에서 해당 안건이 만장일치 가결되자 그 시각 서울시의회 별관 앞에서 '성진학교 설립 촉구' 집회를 하던 장애 학생 엄마들은 얼싸안고 눈물을 흘렸다.

전국 장애인 부모 연대 서울지부와 전국 통합교육 학부모협의회 등 장애학생 학부모 150여 명이 지난달 27일 시의회 앞에서 무릎 꿇고 호소한 지 16일 만이다. '또 무릎'이라는 언론 보도 제목으로 국민 공분을 일으킨 바로 그 사안이다.

2017년 서울 강서구 서진학교도 이른바 '무릎 호소'로 여론이 바뀌고서야 애초 개교 예정일보다 4년 밀린 2020년 3월에 문을 열었고, 중랑구 동진학교는 12년간 부지를 8차례나 옮긴 끝에 가까스로 올해 초 착공했다. 당초 계획보다 10년이나 미뤄졌다. 이는 특수학교를 혐오 시설로 낙인찍고 집값 하락을 우려하는 주민들의 반대와 이에 편승한 정치인들 때문이다. 지난 6월 열린 성진학교 설립 주민 설명회에서도 일부 주민들의 반발로 설립 계획 좌초를 우려한 장애 학생 부모들이 시의회 앞에서 결국 무릎을 꿇었다.

서울시교육청 자료에 따르면 서울시 내 자치구 중 8곳(금천구·동대문구·성동구·중구·양천구·영등포구·용산구·중랑구)에는 특수학교가

단 1곳도 없다. 지체장애 학생을 위한 특수학교가 강동구·관악구·구로구·노원구·마포구·서대문구·서초구 등 7개 자치구에 몰려있어 동북권역에 특수학교 설립을 요구하는 목소리가 높았던 이유다.

박광선 서울시의회 교육위원회 수석 전문위원은 이와 관련, "특수학교가 없는 자치구에 거주하는 특수교육 대상자의 학교 선택권이 온전히 보장되지 못하는 것은 물론 중증·중복 장애 학생이나 보다 전문적인 개별화 교육을 요구하는 학생들이 적정 통학거리 내 교육기관을 확보하지 못하는 문제가 있다"라고 지적했다.

2025년 기준 서울시 내 특수 교육 대상자는 총 1만 4,909명으로 이 중 30%만이 특수학교에서 교육받고 있다. 특히 최근 5년간 특수학교의 특수교육 대상자가 402명 늘어나는 동안 특수학교는 단 한 곳도 증설되지 못했다. 이는 서울시 내 특수교육 대상자의 교육 여건 개선을 위해 특수학교 증설이 필요하다는 점을 간접적으로 보여주는 것이라고 박 위원은 설명한다.

집 근처에 특수학교가 없다 보니 매일 머나먼 '원정길'을 통학해야 하는 장애 학생과 학부모들의 불편과 고통은 이만저만이 아니다. 서울시교육청의 '특수학교 통학 현황'에 따르면 올해 서울 지역 특수학교 학생 4,270명 중 354명(8.3%)이 등교에 1시간 이상 걸리는 것으로 나타났다. 2시간 넘는 학생도 9명이나 됐다. 매일 학교를 오가는 데 왕복 4시간을 쓰는 셈이다. 30분~1시간 걸리는

서울시의원 아무나 하나

학생은 1,056명, 30분 미만은 2,860명이었다. 특수학교에 다니는 학생은 대부분 거동이 불편해 30분 거리의 통학도 쉽지 않은 게 현실이다. 서울 이외 지역도 마찬가지다. 올해 전국 특수학교 재학생 2만 9,951명 중 2,636명(8.8%)이 통학에 1시간 이상 걸리는 것으로 조사됐다.

이번 조례안 통과로 서울시교육청은 성동구 성수동2가 옛 성수공고 부지에 22학급 136명의 학생을 수용할 수 있는 지하 1층, 지상 4층 규모로 2027년 착공해 2029년 3월에 성진학교를 개교한다는 목표다. 특히 시 교육청은 지역 요구를 반영해 성수 공고 폐교 부지 1만 3800㎡를 분할해 성진학교(800㎡)와 지역사회와 함께하는 시설(5,800㎡)로 활용할 계획이다.

서울시의회 교육위원회 부위원장인 전병주 의원(광진1)은 "특수학교 설립을 반대하는 '우리 동네만은 안 된다'라는 논리는 오래된 차별의 언어일 뿐"이라며 "성진학교 설립은 단순한 시설 확충이 아닌 헌법이 보장한 기본권 실현으로 장애 학생 역시 지역사회 안에서 차별 없이 교육받아야 한다"라고 주장했다.

박상현 객원기자 shpark0120@gmail.com

무릎을 꿇은 전국장애인부모연대 서울지부 회원들이 2024년 4월 4일 오전 서울 여의도 〈국민의힘〉 당사 앞에서 서울 성동구 성수 공고 부지에 추진 중인 특수학교 설립 대신 특수 목적고 설립을 공약으로 내놓은 〈국민의힘〉 서울 중·성동갑 윤희숙 후보에게 공약 철회와 사과를 요구하고 있다.

한겨레 윤운식 선임기자 yws@hani.co.kr

서울 장애인 부모연대 등 지체·발달장애인 부모 150여 명이 지난 9일 오전 서울 중구 서울 시의회 별관 앞에서 가진 '성진 학교 설립 촉구' 집회에서 서울시의회 교육위원회가 성진학 교 신설안을 통과시키자 참가자들이 서로를 끌어안고 눈물을 흘리고 있다.

장종우 기자 whddn3871@hani.co.kr

이 힘든 시기에…
가정용 하수도 요금 5년간 두 배 오른다

오세훈 서울특별시장이 향후 5년간 연평균 9.5%씩 하수도 요금을 인상하기 위해 발의하고, 시의회 도시 안전 건설위원회가 다자녀 가구 혜택을 확대해 수정 발의한 '서울특별시 하수도 사용 조례 일부 개정 조례안'이 지난달 12일 시의회 본회의를 통과했다. 이번 하수도 요금 인상은 2019년 이후 6년 만이다.

표결에서는 서울시의원 전체 111명 중 재석의원 67명 전원이 찬성했다. 성흠제 더불어민주당(은평1) 대표 의원은 요금 인상안이 논의되던 지난 5월 요금 인상에 반대하는 논평을 발표했지만 자유 표결에 따라 민주당 소속 의원 20명도 찬성 대열에 동참했다. 개정 조례는 지난달 29일 공포돼 내년부터 적용된다.

개정안에 따르면 하수도 사용료는 2026년부터 2030년까지 5년간 연평균 9.5%씩 ㎥당 연평균 84.4원 인상된다. 업종별로 보면 가정용의 연평균 인상액은 ㎥당 72.0원이며 5년간 총 360원이 오른다. 자영업자 등이 해당되는 일반용의 연평균 인상액은 ㎥당 117.6원이며 5년간 총 588원이 인상된다. 욕탕용의 연평균 인상액은 ㎥당 78.0원이며 5년간 총 390원 오른다.

그러나 가구별로 보면 5년간 거의 두 배 가까운 요금 인상 효과가 나타나 가계 부담은 커질 전망이다. 1인 가구의 하수도 요금(월 6㎥ 사용 기준)은 현행 2,400원에서 내년 2,880원이지만 2030년에는 4,620원으로, 4인 가구(월 24㎥ 사용 기준)는 현행 9,600원에서 내년 1만 1,520원, 2030년 1만 8,480원으로 거의 두 배 오른다. 가구원 수가 많고 사용량이 많을수록 하수도 요금 물가가 크게 높아지게 됐다. 이는 이번 개정조례안에서 가정용의 경우 3단계 누진제를 폐지하고 단일 요금제로 바꾼 데 따른 것이다. (표 참조)

특히 현행 30㎥ 이하를 사용하는 가구의 경우 인상 첫해인 2026년에 가정용 전체 연평균 인상률 13.43%보다 상대적으로 높은 20%(400원→480원/㎥)가 인상돼 부담이 더 커졌다. 현행 가정용 3단계 사용료 구간 중 30㎥ 이하 비율은 98.6%로 대부분을 차지한다.

이에 따라 이상근 시의회 도시 안전 건설위 수석 전문위원은 서울시장이 제출한 발의안에 대한 심사 보고서에서 "가구 구성원 수가 많은 가정에 대한 가계 부담을 낮추는 방안이 심도 있게 고려될 필요가 있고, 그런 차원에서 다자녀 가구에 대한 감면 혜택을 보다 확대할 필요가 있다'고 지적했다.

이에 따라 도시 안전 건설위는 임시회에서 18세 이하 미성년 2자녀 이상 가구의 하수도 요금 감면율을 현행 20%에서 30%로 상향하는 수정 동의안을 가결해 본회의를 통과시켰다.

서울시는 이번 요금 인상과 관련, 노후 하수관로와 물 재생센터 개선을 위한 안정적인 재원 마련에 목적이 있다고 밝혔다. 2024년도 기준 서울특별시 하수도 사업 특별 회계 운용 예산은 약 8,518억 2,400만 원으로 ㎥당 평균 원가가 1,258원이지만 실제로 내는 요금은 ㎥당 690원으로 요금 현실화율이 55%에 불과하다. 특·광역시별로 대전이 98%로 가장 높고 인천·울산(77%), 대구(74%), 부산(71%), 광주(63%) 순으로 서울이 가장 낮다.

현재 서울시 하수관로 총연장은 1만 866㎞로 이 중 30년 이상된 노후 관로는 6,029㎞, 55.5%에 달하고 있다. 매년 150㎞씩 하수관로가 추가로 노후화되고 있지만 정비 속도는 연간 100㎞ 수준에 그치는 실정이다. 여기에 최근 빈번하게 발생하는 땅 꺼짐(지반 침하)과 관련해 2015년부터 2023년까지 서울시 관내에서 발생한 211건 중 하수도 관련 침하는 107건, 50.7%를 차지하고 있어 노후 하수관로에 대한 정비가 시급한 상황이다. 이와 함께 중랑·난지·서남·탄천 등 물재생센터 4곳의 평균 노후도도 86.7%에 달하고 있다.

서울시는 노후 하수관로와 물재생센터 개선에 2026년부터

서울시의원 아무나 하나

2030년까지 약 6조 2,192억원이 필요하지만 1조 5,447억원의 재원이 부족한 것으로 추산하고 있다. 이에 따라 서울시는 하수관로 파손 및 지반 침하, 악취 발생 등 시민 생활 불편과 안전 저해 요인이 증가함에 따라 관로 정비 및 처리 시설 현대화 등 투자 재원 확보가 시급해 요금 인상이 불가피하다는 입장이다.

요금 인상에 반대해 표결에도 불참한 성흠제 의원은 "2030년까지 노후 하수관로와 물재생센터 개선에 필요한 6조 2,192억원 중 1조 5,447억원의 재원이 부족하다면 시민들의 주머니를 먼저 털 생각 대신 불요불급한 (오세훈 시장) 공약사업에 투입되는 막대한 예산을 줄여 안전 예산을 확보해야 한다"라며 "고물가와 경기 침체 장기화로 위기에 처한 서민 경제를 살리고, 시민의 안전한 일상을 위한 안전 예산의 전폭적인 확대에 먼저 나서야 한다"라고 주장했다.

이번 개정 조례안에 찬성한 〈민주당〉 소속 의원은 강동길, 김기덕, 김성준, 박강산, 박유진, 서준오, 송도호, 송재혁, 아이수루, 오금란, 유정희, 이민옥, 이소라, 이승미, 이용균, 이원형, 임만균, 정준호, 최재란, 한신 등 20명이다.

📝 박상현 객원기자 shpark0120@gmail.com

\<표\> 하수도 사용료 인상 전후 비교표 [자료=서울시의회 제공]

(원/m³, %)

업종	인상 전 하수도사용료			인상 후 하수도사용료					
	구간	단가	사용량 비율	구간	'26년	'27년	'28년	'29년	'30년
가정용	30 이하	400	98.6%	m³당	480	560	630	700	700
	30초과~50 이하	930	0.9%						
	50 초과	1,420	0.5%						
일반용	30 이하	500	17.8%	30 이하	580	660	740	820	900
	30초과~50 이하	1,000	6.6%	30 초과~100 이하	1,550	1,690	1,830	1,970	2,100
	50 초과~100 이하	1,520	10.3%						
	100 초과~200 이하	1,830	10.3%	100 초과~1,000 이하	2,100	2,200	2,300	2,400	2,500
	200 초과~1,000 이하	1,920	22.2%						
	1,000 초과	2,030	32.7%	1,000 초과	2,200	2,300	2,400	2,500	2,600
	누진제 폐지	1,592	100%	누진제 폐지	1,769	1,872	1,975	2,078	2,180
욕탕용	500 이하	440	35%	500 이하	520	590	660	730	800
	500 초과~2,000 이하	550	42.5%	500 초과~2,000 이하	630	710	790	870	950
	2,000 초과	630	22.5%	2,000 초과	720	810	890	970	1,050
	누진제 폐지	530	100%	누진제 폐지	612	691	767	844	920
유출 지하수	m³당	400	100%	m³당	480	560	630	700	770

서울시의원 아무나 하나

'한강버스', 6월부터
'시민체험운항' 시작

※ 한강버스는 정식 운항 시기를 여러 차례 연기하다 2025년 9월 18일 오전 11시
   첫 정식 운항을 시작했으나 잦은 고장 등 숱한 문제를 야기하며 실패한 정책이라
   는 비판에 직면하고 있다.

한강에서 울리는 '뱃고동' 소리를 들을 수 있을까. 몇 차례 연기
와 사업자 선정을 두고 우여곡절을 겪었던 서울 '한강버스'가 6월
부터 3개월간의 시민 체험 운항을 거쳐 9월 정상 운항에 나선다.
국내 최초로 수상교통 시대가 열리는 것이다.

'한강버스'는 서울시가 새로 도입하는 수상 대중교통 수단으로,
영국 런던 템스강의 '우버보트'나 미국 뉴욕 허드슨강의 'NYC페
리'와 비슷하다. 지난 2023년 런던을 찾은 오세훈 서울시장이 "한
강에도 수상 버스를 띄워 세계적인 명물로 만들겠다"고 말한 데
서 추진되기 시작했다.

서울시 이진오 한강이용증진과장은 "9월 정상 운항을 목표로

안전 운항, 위험 대비, 선착장 시설 점검, 승하선 체계, 환승할인·교통카드 적용 등 대중교통 시스템, 관제 시스템 등 편리하고 정상적인 운항에 필요한 제반 사항에 대한 테스트 및 준비 작업을 진행하고 있다"고 말했다.

특히 '한강버스' 노선 내 17개 교량에 대한 안전한 통항, 한강 조수로 인한 유속 변화 대응, 신속·안전한 선착장 접안과 이안, 운항 인력(선장·기관사)에 대한 항해 훈련도 막바지 집중 점검 중이다.

이를 위해 서울시의회는 지난 3월 말 '한강버스'를 대중교통으로 인정하는 '서울특별시 대중교통 기본 조례 일부 개정안'을 의결했다. 이로써 대중교통으로서 '한강버스' 운영의 안정적인 법적 기반을 마련하고 시민들의 다양한 대중 교통수단 선택권을 보장하며, 수상교통 활성화를 도모할 수 있는 명확한 근거를 확보할 수 있게 됐다.

서울 시의회는 이와 함께 기본요금 3,000원(편도)의 운항 수입만으로는 운영비 충당이 어려워 선착장에 상업광고를 유치할 수 있도록 '서울시 옥외광고물 등의 관리와 옥외광고 산업 진흥 조례'도 개정했다.

'한강버스'의 '대중교통' 인정은 이용하는 시민의 서비스 품질 확보와 안전 보장을 위해 대중교통 사업자에게 제반 의무를 부과한다는 의미가 있다. '대중교통 육성 및 이용 촉진법'에 따르면 '대중교통수단'은 일정한 노선과 운행 시간표를 갖추고 다수의 사람을

서울시의원 아무나 하나

운송하는 데 이용되는 것을, '대중교통시설'은 대중교통수단의 원활한 운항에 필요한 시설 또는 공작물을 일컫는 것으로 결국 이용객의 안전과 편의 보장이 핵심이다.

서울시에 따르면 '한강버스'는 6월 2일부터 8월 24일까지 분야별 점검단을 구성해 체험 운항을 시작한다. 6월 시운전 중인 하이브리드 '한강버스' 2척을 포함한 6척을 시작으로 7월·9월·11월에 각각 2척씩 운항해 연말까지 12척을 모두 띄운다는 계획이다. 수송 능력은 8호선(船)까지는 199인승, 9~12호선은 155인승이다.

'한강버스'는 서울 마곡, 망원, 여의도, 잠원, 옥수, 뚝섬, 잠실 등 7개 선착장을 오갈 예정이며, 평일 출퇴근 시간에는 15분 간격, 그 외 시간은 30분 간격으로 운항한다. 출근 시간은 시민 이용도 등을 반영해 당초 오전 6시 30분~오전 9시를 오전 7시~오전 9시로, 퇴근 시간은 오후 5시~오후 7시 30분으로 조정했다. 하루 운항 횟수는 평일 68회, 주말 48회다.

마곡에서 잠실까지 출퇴근 시간 기준 급행 노선은 54분, 모든 선착장에서 서는 일반 노선은 75분 소요될 것으로 서울시는 예상하고 있다. 평균 속력은 17노트(시속 31.5㎞), 최대 속력은 19노트(시속 35.2㎞)이다.

요금은 전 구간 3,000원이다. 지하철·버스처럼 환승할 인도 받을 수 있고, 서울시 대중교통 정기권인 기후동행카드는 월 6만 7000원에 무제한 이용할 수 있다.

서울시는 이와 함께 '한강버스' 선착장 접근성 개선을 위한 버스 노선 신설 및 조정, 버스 승강장 설치, '따릉이' 거치대 부지 조성 등의 연계 시설을 조성하고 있으며, 9월 정상 운항에 맞춰 버스 운행과 '따릉이' 배치 등이 시작될 예정이다.

휠체어 이용 등 보행 약자를 위한 이동 편의도 반영됐다. 우선 '한강버스' 내 휠체어 등 전용 공간을 마련하고, 선착장 접근성을 높이기 위해 여의도 선착장이 있는 여의도한강공원 내 경사로를 설치하고, 그 외 선착장에도 보행 약자들이 쉽고 편하게 이동할 수 있도록 경사로와 점자 블록 설치도 완료했다.

서울시는 '한강버스' 재무성 분석 결과 초기 2년간 약 41억 원의 운항 결손액이 발행할 것으로 예상하지만 수익 사업을 통해 3년 차부터는 흑자로 전환하는 것을 목표로 삼고 있다.

박진영 미래한강본부장은 "처음 운항하는 '한강버스'를 시민이 더 안전하고 편안하게 이용할 수 있도록 정식 운항 전까지 실효성 있는 시범 및 체험 운항을 충분히 실시하고 관련 공정의 정상적 추진에 만전을 기하겠다"고 말했다.

📝 박상현 객원기자 shpark0120@gmail.com

6월 말부터 정식 운항에 나서기에 앞서 시범 운항 중인
'한강버스' 102호 모습 [사진=서울시 제공]

여의도 선착장 외부 모습 [사진=서울시 제공]

7개 선착장 중 잠원동에 설치된 압구정 선착장 외관 모습 [사진=서울시 제공]

새해 서울시 살림 규모 서울시 51.5조 원…
'약자와의 동행' 실질 예산은 줄었다

서울시와 서울시교육청을 합한 새해 수도 서울 살림 규모는 62조 5,000억 원이다. 서울시의회는 지난달 16일 본회의를 열어 2026년도 서울시 예산 51조 4,778억 원, 교육청 예산 10조 9,422억 원을 의결했다. 서울시가 지난해 10월 31일 제출한 예산안(51조 5,060억 원) 대비 282억 원 줄어든 규모다.

2026년도 서울시 예산은 지난해 본예산(48조 1,145억 원) 대비 3조 3,633억 원(7%) 늘었다. 시교육청 예산은 당초 제출한 안과 같은 10조 9,422억 원으로 확정돼 전년도 본예산(10조 8,026억 원) 대비 1,396억 원, 1.3% 증가했다.

서울시가 제출한 예산안은 총액 기준으로는 소폭 줄었지만, 심의 과정에서 일부 사업이 새롭게 반영됐다. 서울시 교통실 소관을 중심으로 LED 표지판과 LED 교통안전 표지 설치, 지하철역

출입구 정비, 보행자 펜스 설치 등 주민 편의와 안전을 높이는 사업 예산은 원안에 없었으나 새롭게 반영됐다.

반면 감액 조정은 복지실 소관 사업에서 두드러졌다. 기초 생활 수급자 급여와 생계 급여, 기초 연금 등 일부 복지 항목에서 예산이 줄었고 기초 생활 수급자 생계 급여는 25억 원 감액됐다. 이에 대해 서울시는 사업 집행률 등을 고려해 시비 매칭 분 일부를 조정한 것이라고 설명했다.

2026년 분야·부문별 세출 예산 총규모는 46조 547억 원으로 2025년 예산 43조 6,949억 원 대비 2조 3,598억 원, 5.4% 늘었다. 이 가운데 사회 복지·도로 교통 등 8대 분야·부문의 올해 사업비는 총 28조 7,683억 원으로 지난해 27조 2,233억 원보다 1조 5,450억 원, 5.7% 증가했다.

분야 및 부문별로 보면 사회 복지 분야는 18조 7,214억 원으로 지난해 17조 4,619억 원 대비 1조 2,595억 원, 7.2% 늘었다. 비중도 전년도 40.0%에서 40.7%로 0.7%포인트 커졌다. 도로·교통 부문은 2조 4,212억 원으로 지난해 2조 1,868억 원 대비 2,344억 원, 10.7% 늘었고, 비중도 전년도의 5.0%에서 5.3%로 상승했다.

공원·환경 부문은 2조 5,616억 원으로 지난해 2조 4,700억 원보다 916억 원, 3.7% 증가했고, 비중은 전년도 5.7%에서 5.6%로 소폭 하락했다. 일반 행정 부문은 1조 695억 원으로 지난해 9,917억 원 대비 778억 원, 7.8% 늘었고 비중은 2.3%를 유지했다.

산업 경제 분야는 9,255억 원으로 지난해 8,583억 원 대비 672억 원, 7.8% 증가했고, 비중은 2.0%가 유지됐다. 도시 안전 부문은 1조 6,265억 원으로 지난해 1조 7,792억 원 대비 1,527억 원, 8.6% 감소했고, 비중도 전년도 4.1%에서 3.5%로 줄었다.

도시 계획·주택 정비 부문은 4,309억 원으로 지난해 4,664억 원 대비 356억 원, 7.6% 감소했고 비중도 전년도 1.1%에서 0.9%로 축소됐다. 문화 관광 분야는 1조 116억 원으로 지난해 1조 89억 원 대비 27억 원, 0.3% 늘었지만 비중은 전년도 2.3%에서 2.2%로 소폭 하락했다.

서울시는 올해 예산의 3대 핵심 사업으로 △ 시민의 삶을 지키는 '동행 서울' △ 안심 일상을 위한 '안전 서울' △ 건강하고 활력 있는 '매력 서울'로 설정했다. 특히 오세훈 시장이 중점을 두고 있는 '약자와의 동행' 사업은 올해 15조 6,256억 원으로 지난해보다 8,601억 원, 5.8% 늘어난 예산을 투입해 취약계층을 더욱 두텁게 보호한다고 서울시는 밝혔다.

그러나 이는 생계급여 등에 활용하는 국민 가구소득 중윗 값인 '기준 중위 소득' 인상(4인 가구 6.51%)으로 기초 생활 보장 등 정부의 대규모 복지사업 예산 증가분 1조 851억 원이 반영된 것으로 '약자와의 동행' 예산 순증액 8,601억 원을 넘어선다. 겉으로는 '약자와의 동행' 예산을 늘린 것처럼 보이지만 실제로는 중앙 정부의 복지 기준이 인상되면서 의무적으로 편성할 수밖에 없는 수동적인 반영인 셈이다. 이에 따라 '약자와의 동행' 사업 내 다른 재량 사업 분야 예산은 오히려 2,250억 원이 줄어들어 서울시 발표가 생색내기라는 지적이 나온다.

실제로 '약자와의 동행' 6대 분야별 편성 내역을 보면 생계 9조 3,453억 원(비중 59.8%), 주거 2조 6,157억 원(16.7%), 의료·건강 2조 7,754억 원(17.8%), 교육·문화 2,881억 원(1.8%), 안전 5,398억 원(3.5%), 사회 통합 612억 원(0.4%) 순으로 생계·주거·의료 건강 등 상위 3개 분야 합계가 14조 7,364억 원이다. '약자와의 동행' 총예산의 94.3% 비중이다. 감액된 사업은 '장애인 직업 재활 시설 운영'이 1955억 5,200만 원으로 가장 크게 줄어들었고 '장기 공공임대 리모델링'(-,1024억 2,800만 원), '공공주택 건설(자가·분양)'(-606억 1,200만 원) 순이었다.

한편, 서울시는 기준 중위소득 인상으로 인한 국고 보조 사업 예산이 크게 늘었지만 꼭 필요한 곳에 재원을 효율적으로 배분해 채무 규모는 늘지 않고 건전 재정 기조를 지켰다고 설명했다. 오세훈 시장은 새해 예산안 설명회에서 "지난해 민생회복 소비쿠폰으로 채무가 늘었지만 미래 세대가 갚아야 할 빚은 늘리지 않겠다는 각오로 건전 재정 원칙을 지켰다"며 "올해에도 일상 안전에서 미래 성장 동력까지 균형 있는 투자로 시민 삶의 혁명을 가져다주는 밀리언셀러 정책을 더 키우겠다"라고 말했다. 서울시의 지난해 말 채무 규모(전망)는 11조 6,518억 원이고 올해 말도 비슷

한 수준으로 유지한다는 입장이다. 확장 재정 기조의 중앙 정부
와 방향이 다르다.

📝 박상현 객원기자 shpark0120@gmail.com

지난해 10월 30일 오세훈 서울시장이 '2026년 서울시 예산안 기자 설명회'에서 새해 서울
시 예산안에 대해 설명하고 있다. [사진=서울시 제공]

서울시의원 아무나 하나

3부
좋은 조례

최장 20년 복지 서비스와
함께 누리는 '지원주택'

서울시의회는 지난달 '지원주택 공급 및 운영에 관한 조례 일부 개정안'을 통과시켰다. 이번 개정안은 '지원주택'의 지속적인 공급과 안정적인 운영을 위해 '지원주택 운영위원회'의 역할을 강화하고 투명한 운영을 위한 것이 주요 목적이다.

'지원주택'이란 서울시민 중 신체적 또는 정신적인 문제로 독립적인 주거생활이 어려운 저소득 취약계층을 대상으로 저렴한 임대주택과 더불어 노숙인·장애인·정신질환자·어르신 등 입주자별로 맞춤형 의료 지원 등 복지서비스를 함께 제공하는 공공임대주택을 일컫는다.

서울시는 지난 2018년 전국 지방자치 단체 중 최초로 지원주택 조례를 제정해 저렴한 임대료의 주택 공급이라는 소극적 의미의 주거 복지 개념에서 한발 더 나아가 '복지 서비스를 결합한 주택 공급'이라는 적극적인 의미의 주거 복지로 정책 영역을 넓혔다.

주거와 돌봄 모두 혼자 스스로 영위하기 어려운 상황에 있는 주거 및 돌봄 약자를 대상으로 주거와 함께 지속적인 복지 서비스를 제공해 신체적·정신적 건강을 개선하고 자립을 돕는다는 취지다. 서울시 주택실에 따르면 올해 3월 말 기준, 831호(장애인 305호, 노숙인 315호, 정신질환자 120호, 어르신 91호)의 지원주택을 운영하고 있고 현재 입주자는 666명이다.

지원주택이 제공하는 복지 서비스는 의식주 등 일상생활 지원과 의료 지원은 물론 금전 관리 교육, 구직활동 지원, 신체 및 정신건강 관리, 공동 밥상과 같은 자조 모임 지원 등을 제공하고 있다. 이를 통해 입주자는 자기관리 능력을 높이고 심리적인 안정감을 바탕으로 일상생활을 영위하고 아울러 더 나은 미래를 위한 다양한 준비를 할 수 있는 효과를 기대할 수 있다.

지원주택 사업은 이렇게 진행된다. 서울주택도시공사(SH)가 주택의 위치, 임대 조건, 유형별 신청 자격 등을 정해 공고하면 개인이 등기우편 또는 SH 본사 직접 방문을 통해 신청한 후 소득 및 자산 조회 등 자격 심사 통과자를 대상으로 서울시 소관 부서(어르신복지과, 장애인복지과, 자활지원과, 정신건강과)가 입주자를 최종 선정한다.

지원주택은 서울시에 주민등록이 돼 있거나 서울시 운영 시설에 거주하는 무주택 1인 가구를 공통 조건으로 65세 이상 어르신, 19세 이상 장애인·노숙자·정신질환자가 신청할 수 있다. 소득 기준은 어르신·노숙인·정신질환자는 전년도 도시근로자 월 평균소득 50% 이하, 장애인은 100% 이하이며, 자산은 지난해 기준 총자산 가액 2억 4,100만 원 이하에 차량 기준 가액 3,708만 원 이하다.

2025년도 적용 기준 1인 가구의 가구당 월평균 소득의 50%는 179만 9,082원이며, 100%는 359만 8,715원이다.

보증금은 기본 300만 원이며 현재 납부하는 월 임대료는 주택 연수나 위치 등에 따라 적게는 6만 원, 많게는 56만 원이다. 보증금은 월 임대료와 연계해 결정할 수도 있다. 올해 지원주택 공고는 6월로 예정돼 있다. 공공임대주택 전반적으로 수요 대비 공급이 부족한 상황이라 경쟁률이 높은 편이라고 서울시는 설명한다. 계약은 2년 단위로 최대 9회까지 연장할 수 있어 최장 20년까지 거주할 수 있다.

지원주택 조례 개정안을 발의한 최기찬 서울시의원(더불어민주당·금천2)은 "서울시가 지난 2018년 국내 최초로 지원주택을 제도화해 주거 취약자에게 안정적 주거를 제공함과 동시에 주거 지원 서비스를 제공하고 있으나 공급 및 계획 대비 실적이 저조하다"라며 "이에 지원주택 운영위원회의 연간 최소 개최 횟수를 정하고, 입주자 선정 및 퇴거 기준 등을 구체적으로 규정해 지원주택의 지속적인 공급과 투명하고 효율적인 운영을 위한 것"이라며 개정 취지를 설명했다.

박상현 객원기자 shpark0120@gmail.com

서울시의원 아무나 하나

서울시 성북구에 있는 한 장애인 지원주택 전경 모습 [사진=서울시 제공]

서울시 한 장애인 지원주택에 거주하는 입주자들이 요리 강습을 하며
공동 활동을 하고 있다. [사진=서울시 제공]

종이 대신 전자 영수증 발급
대중화될까

종이 영수증 대신 전자 영수증 발급이 대중화될 수 있을까. 서울시의회가 지난달 25일 '서울특별시 기후위기 대응을 위한 탄소중립·녹색 성장 기본 조례 일부 개정안'을 가결했다.

조례의 핵심 내용은 서울특별시장이 탄소 중립 및 에너지 절약 실천을 위해 시민과 기업이 종이 영수증 사용을 줄이고 전자 영수증 사용을 확대할 수 있도록 노력하고, 전자 영수증 사용 활성화에 필요한 재정적·행정적 지원과 교육·홍보를 추진할 수 있다는 것이다.

개정안을 대표 발의한 김춘곤 의원(국민의힘·강서)은 "그간 정부는 지자체 및 유통업체 등과 함께 '종이 영수증 없애기 협약식'과 '스마트 전자 영수증 이용 촉진 및 활성화 협약식'을 체결하는 등 종이 영수증 대신 전자 영수증 사용 확대를 위해 노력했으나 여전히 전자 영수증으로의 전환에 어려움을 겪고 있다"고 제안 이유를 밝혔다.

실제로 정부는 지난 2017년부터 유통업체와 기후 단체 등과 협약을 맺고 종이 영수증 대신 전자 영수증 발급 정착을 위해 노력해 왔으나 전자 영수증 활성화는 아직 답보 상태에 있다.

지난 2017년 1월 환경부는 종이 영수증으로 인한 자원 낭비와 환경 오염을 예방하기 위해 기업, 시민 단체와 손잡고 종이 영수증을 모바일 영수증으로 대체하는 국민 캠페인을 본격 추진했으며, 이어 2019년에는 기획재정부와 과학기술정보통신부까지 나서 롯데백화점, 현대백화점 등 13개 대형 유통업체가 '종이 영수증 줄이기' 실천에 나서도록 제도적·기술적·행정적인 지원을 하기로 한 바 있다.

이런 노력에도 불구하고 지난 9년여간 전자 영수증으로의 전환은 거의 진척이 없었다. 스타벅스 등 일부 유통업체들이 개별적으로 모바일 영수증을 발급해 주고는 있지만 대중화까지는 아직 거리가 멀다.

김 의원은 이런 원인에 대해 "전자 영수증을 이용한 교환·환급이 어려울 때가 있고, 업체별로 별도의 앱 설치가 필요하며, 중소 가맹점의 경우 전자 영수증 시스템을 구축할 여력이 부족하다"고 설명한다.

이번 조례 개정안을 검토한 서울시의회 전문위원 검토 보고서는 "정부 각 부처가 2017년쿠터 전자 영수증 정착 및 확대를 위해 노력했으나 관련 시민의식이 부족하고 사용방식이 복잡할 뿐만 아니라 업체별 호환도 제한적"이라고 진단했다.

그러나 이제 기후위기가 본격화된 현 상황에서 시민의 탄소중립 실천 방안으로 전자 영수증 전환은 선택이 아니라 필수여서 이번 서울시 조례 개정이 이를 앞당길 계기가 될지 관심이다.

먼저 종이 영수증은 재활용이 어려워 소각 또는 매립 처분할 수밖에 없어 필연적으로 온실가스 배출을 초래한다. 또 잉크에 함유된 비스페놀A는 환경호르몬의 일종으로 노출 시 인체 위해성을 가진 데다 자칫 종이 영수증에 표시된 개인정보가 유출될 수도 있다.

실제로 정부 통계에 따르면 지난 2018년 기준 종이 영수증 발급 건수는 연간 129억 건으로 발급 비용만 1,031억 원에 달하고 이 과정에서 2만 2893톤의 온실가스가 배출됐다. 종이 영수증 발급으로 인한 경제적·환경적 피해가 발생하는 것이다.

이에 따라 서울시는 이번 조례 개정에 맞춰 지난달 4일 한국인터넷진흥원 및 일부 기업과 함께 전자 영수증을 손쉽게 발급받을 수 있는 서비스 도입에 나섰다. 현재 물품이나 서비스 구매 시 전자 영수증을 발급받으려면 업체별로 별도의 앱을 설치해야 했으나 한국인터넷진흥원이 개발한 시스템을 통해 카카오톡이나 네이버 앱으로 간편하게 받을 수 있게 한 것이다.

서울시의원 아무나 하나

이에 따라 지난달부터 서울 지역 세븐일레븐 편의점 약 1,900곳, 이디야커피 카페 약 500곳에서 전자 영수증 서비스 적용을 시작하고, 상반기 안으로 전국 매장으로 확대하기로 했다. 이와 함께 서울 등록 택시 약 5만 대에도 시스템을 도입해 올해 하반기부터 서비스 적용을 시작할 계획이다.

송학용 서울시 기후 환경산업 팀장은 "전자 영수증 전환이 쉽지 않은 과제이긴 하지만 올해 시범 사업을 거쳐 은행권이나 우정사업본부 등으로 확대하고, 시스템 구축에 어려움을 겪는 소상공인에 대해서는 재정적인 지원을 통해 시민들의 탄소중립 실천에 최선을 다하겠다"고 말했다.

박상현 객원기자 shpark0120@gmail.com

모바일 전자영수증 발급 절차

모바일 전자 영수증 발급 절차 [사진=서울시 제공]

서울시가 4월 4일 서울시청에서 한국인터넷진흥원, (주)이디야, (주)코리아세븐, (주)티머니모빌리티와 '탄소중립 이행 및 전자 영수증 확산을 위한 업무 협약'을 체결했다. (왼쪽부터 조규동 이디야 대표이사, 김홍철 코리아세븐 대표이사, 권민 서울시 기후환경본부장, 김정희 한국인터넷진흥원 디저털안전지원본부장, 조동욱 티머니모빌리티 대표이사) [사진=서울시 제공]

산후조리원 등도 공공 기여 시설로
지을 수 있다

앞으로 서울에서 정비 사업이나 도시 개발 사업을 할 때 공공 기여 시설로 산후조리원, 예식장, 키즈 카페 등을 지을 수 있게 됐다. 이는 서울시의회가 저출생·고령화 시대에 발맞춰 개발 사업 주체가 제공하는 공공 기여 시설을 다양화할 수 있도록 활용 범위를 확대하는 조례를 개정한 데 따른 것이다.

이번 조례 개정으로 공공 기여 시설 범위는 기존의 공공 임대 주택, 기숙사, 공공 임대 산업시설 등 53개 시설에서 공공 산후 조리원, 재가 노인 복지시설 등과 같은 저출생·고령화 대책 지원 시설, 주민의 복리 증진을 위한 공공지원 시설 등 총 55개로 확대됐다.

공공 기여란 도시 계획 변경으로 발생하는 개발 이익으로 공공 시설 등의 부지를 제공하거나 공공시설 등의 설치 및 그 비용을 부담하는 것으로, 공공(지자체)과 사업제안자 간 도시계획변경 사전협상을 통해 확정된다. 건축물 용도와 개발 규모, 건축물 배치 등의 사항은 관련 이해관계자들의 논의를 거쳐 서울시 도시계획위원회, 도시·건축공동위원회 등 관련 위원회가 최종 결정한다.

이전까지는 공공 예식장, 산후조리원 등은 수요가 있는 공익시설임에도 불구하고 제도적 기반이 없어 공공 기여 시설로 제공할 수 없었으나 이번 조례 개정으로 한계를 극복할 수 있게 됐다.

이 같은 제도 변화는 자치구의 제도 개선 요구를 서울시와 서울시의회가 적극 수용한 결과다. 지난해 9월 용산구는 구청장협의회 회의에서 공공 기여로 공공 산후조리원을 짓기 어려운 현행 제도를 개선해 달라고 요청한 바 있다.

공공 산후조리원의 경우 민간 산후조리원에 비해 이용 요금이 절반 수준이다. 서울시가 지난해 7~9월 소비자단체인 한국여성소비자연합과 서울 시내 민간 산후조리원 110곳을 대상으로 제공 서비스 및 요금 실태 조사를 한 결과 이용 요금(2주)이 일반실 평균 478만 원, 특실 평균 764만 원으로 전국 대비 일반실은 38%(전국 평균 347만 원), 특실은 51%(전국 평균 504만 원) 비쌌다.

출산 이후부터 아이를 위해 갖춰야 할 물품이 많은 출산 가구에 산후조리 비용은 가계에 큰 부담으로 작용하는 게 현실이다. 공공 산후조리원은 지방자치 단체에서 운영하는 만큼 해당 자치구 주민, 다자녀가구, 국가유공자 등에 대해서는 이용 요금이 최

서울시의원 아무나 하나

대 90% 감면돼 산모들에게 큰 호응을 얻고 있다.

　문제는 수요에 비해 공급이 턱없이 부족하다는 점이다. 공공 산후조리원은 전국에 20곳에 불과하며 서울에는 송파구와 서대문구 2곳만 설치·운영하고 있을 뿐이다. 두 곳 모두 지자체 예산으로 각각 2014년과 2023년에 건립한 것으로, 적지 않은 재정 부담 때문에 지자체들이 선뜻 나서지 못하는 이유다. 연간 운영 예산은 지난해 기준 송파구 29억여 원, 서대문구는 39억여 원이다. 향후 각종 개발 사업이 예정된 용산구의 경우 공공 기여 시설 다변화로 저출생에 더욱더 적극 대응하기 위해 제도 개선을 요청한 것으로 해석된다.

　이번 도시 계획 조례 개정 관련 서울시의회 심사 보고서에 따르면 송파구 산후조리원과 서대문구 산후조리원 이용금액은 민간 산후조리원 요금에 비해 절반 수준인 230만원에 불과하다. 출산 가구의 경제적 부담을 덜어줄 수 있는 공공시설로 판단돼 시민들이 호응이 크다고 평가했다.

　보고서는 이어 "공공산후조리원은 합리적인 이용 금액으로 산모들에게 안전하고 질 높은 산후조리 서비스를 제공하는 효과적인 저출생 대책이 될 것으로 보인다"면서 다만 "저출산 대책 지원 시설의 하나로 공공 산후조리원을 공급하기에 앞서 지역별 공공 산후조리원 수요, 자치구 예산 확보 역량 등 철저한 사전 수요 조사를 토대로 공급 계획을 수립해야 한다"고 지적했다.

이번 조례 개정으로 공공 기여가 가능한 시설에는 공공 산후조리원만 있는 것은 아니다. 공공 예식장, 키즈 카페는 물론 노인 주거·의료·여가 복지시설 등 저출생·고령화 지원 대책 시설이 모두 포함된다. 결혼, 임신, 출산과 고령자 지원 등 생애주기 전반에 걸친 기반 시설 강화로 주민들의 삶의 질이 높아질 것으로 기대된다.

특히 서울시에서 운영하는 '서울형 키즈 카페'는 이용료 부담이 낮고, 시설이 청결하고, 공공형 시설이라 믿을 수 있어 전반적으로 이용 만족도가 높은 것으로 나타났다. 공공 기여 시설 가능 대상에 키즈 카페가 추가되면서 아이들의 이용이 보다 더 늘어날 것으로 기대된다.

서울시 김흥준 공공 자산운용 팀장은 "이번 조례 개정은 변화하는 사회 여건에 유연하게 대응하면서도 공공기여 제도의 실효성을 높이겠다는 취지"라며 "앞으로 공공형 산후조리원과 키즈 카페 등 공공기여 시설이 도시개발 사업에 포함돼 주민의 삶의 질 향상에 기여할 수 있을 것"이라고 말했다.

📝 박상현 객원기자 shpark0120@gmail.com

송파구가 재정사업으로 운영하고 있는 공공산후조리원인 송파산모건강증진센터

[사진=송파구청 제공]

부모 대신 가족 돌보는
청소년과 청년 지원

가족 돌봄 청년 지원 연령을 기존의 '9세 이상 34세 이하'에서 '9세 이상 39세 이하'로 확대한 '서울특별시 가족 돌봄청 년 지원에 관한 조례 일부 개정안'(이하 돌봄 청년 지원조례)이 지난 4월 25일 서울시의회를 통과했다.

이번 개정안은 청년의 연령 상한을 39세로 규정한 '서울시 청년 기본 조례'에 맞춰 가족 돌봄 청년 지원 연령 또한 39세로 늘린 것이다. 이와 함께 '가족 돌봄 청년'을 '가족 돌봄 청소년·청년'으로 표현을 바꿔 청소년까지 지원 대상을 명확히 했다.

서울시 돌봄 청년 지원 조례에 따르면 가족 돌봄 청년은 '장애, 정신 및 신체의 질병 등의 문제를 가진 민법 제779조에 따른 가족을 돌보고 있는 14~39세의 사람'으로 정의된다.

민법 제779조는 가족의 범위를 배우자, 직계혈족 및 형제자매,

직계혈족의 배우자, 배우자의 직계혈족 및 배우자의 형제자매로 한정하고 있다.

쉽게 말해 부모가 사망·이혼·가출하거나, 부모를 포함한 가족 구성원이 장애·질병·정신이상 또는 약물 및 알코올 남용 등으로 노동 능력을 상실해 부모 대신 가족 구성원을 돌봐야 하는 청년 및 청소년을 말한다.

이들은 취업 준비를 하거나 노동시장에 진입한 지 얼마 안 된 시기에 학습과 노동에 더해 돌봄까지 홀로 떠맡아야 하는 부담 때문에 극심한 육체적·정신적 피곤함과 스트레스는 물론 미래를 준비할 여력조차 갖지 못하는 경우가 태반이다.

지난 2021년 대구에서 20대 청년이 아픈 아버지를 방치해 숨지게 한 소위 '간병 살인' 사건을 계기로 가족을 돌보는 청년 문제가 사회적인 관심사로 떠올랐다. 이후 서울시를 비롯한 지방자치단체별로 가족 돌봄 청년을 지원하기 위한 조례를 제정하기 시작했다.

이에 서울시도 지난 2022년 10월 '가족 돌봄 청년 지원 조례'를 제정해 가족 돌봄 청년의 연령 범위와 지원 근거를 마련하고, 2023년 8월 전국 최초로 가족 돌봄 청년 전담 기구를 만들어 운영하기 시작했다.

서울시가 2023~2024년 1년간 '가족 돌봄 청년 지원사업' 참여자 206명을 대상으로 조사한 결과를 보면 가족을 돌보는 과정에서 가장 힘든 점으로 '경제적 어려움'(90.8%), 가장 필요한 도움으로 '생계 지원'(93.2%)을 꼽았다.

이들의 주당 돌봄 시간은 평균 33.6시간(일평균 4.8시간)이었으며 응답자의 62.6%는 가족을 '거의 매일' 돌본다고 응답했다. 평균 돌봄 기간은 6.72년으로 5년~10년이 37.4%, 2년~4년이 26%였다.

돌봄 이유로는 치매·고령(31%)이 가장 많았고 신체 질환(16.9%)이 다음으로 많았다. 돌봄 대상은 어머니(37.3%), 아버지(26.7%), 형제·자매(13.5%), 조부모(10.6%) 순이었다. 특히 이들이 느끼는 삶의 만족도는 10점 만점에 4.24점, 우울감은 60점 만점에 29.2점에 불과한 것으로 조사돼 이들이 겪는 삶의 무게가 전해진다.

그러나 돌봄 청(소)년들에게 가장 필요로 하는 부분이 생계지원임에도 불구하고 이들에기 제공되는 현금성 지원은 극히 일부에 그치는 게 현 실정이다.

현재 가족 돌봄 청(소)년에 대한 지원은 상시 지원과 비정기 지원으로 나눠 제공되고 있다. 상시 지원으로는 서울시의 학습 포털인 '서울런' 이용, 서울성모병원이 제공하는 250~500만 원의 치과 치료 및 흉터 치료, 호림의료재단이 지원하는 월 150만 원 상당의 병상 제공 지원 등이 있다.

후원(협약) 기관이 제공하는 일회성 비정기 지원으로는 은평구청의 현금 90만 원 지원(해당 지역 돌봄 청년 2명), 대한적십자사의 40만원 상당 노트북 지원(31명), 서울시의 이사비 최대 40만 원

지원(예정), 희망친구 기아대책의 생필품·배민식사권(120명) 등이 있다.

서울시는 지난해 4월부터 안심 소득 시범 사업으로 가족 돌봄 청년 128가구를 대상으로 1년간 매월 일정 액수를 디딤돌 소득으로 지원했으나 시범사업이 끝나면서 현재는 지급이 끊긴 상태다.

서울복지재단 가족 돌봄 청년 지원팀 정선진 대리는 "현재로서는 가족 돌봄청(소)년들에게 현금성 지원을 할 수 있는 법적 근거가 없는 상태"라며 "다만 지난 3월 국회에서 제정된 '가족 돌봄 및 위기 아동·청년 지원 법률'이 내년 3월 시행을 앞두고 있어 서울시 차원에서도 내년도에 예산을 배정하는 등 장기적인 지원 방법을 모색하고 있다"고 말했다.

현재 서울시의 상시·비정기 지원받는 가족 돌봄 청(소)년은 이번 연령 확대로 61명이 늘어 총 256명이다. 그러나 이런 지원이 있다는 것을 알지 못해 신청하지 못하는 대상자들도 많은 것으로 서울시 관계자는 말한다. 이에 서울시는 25개 자치구를 통한 홍보를 강화해 보다 많은 가족 돌봄 청(소)년을 발굴, 지원하기 위해 보다 더 적극 나설 계획이다.

박상현 객원기자 shpark0120@gmail.com

오세훈 서울시장이 지난 10일 ▲미래에셋 박현주재단 ▲아름다운재단 ▲롯데백화점 ▲희망친구 기아대책 ▲한화생명 ▲월드비전 등 6개 후원 기관과 가족 돌봄 청년 지원 업무 협약식을 갖고 기념 촬영을 하고 있다. 6개 기관은 가족 돌봄 청(소)년 대상으로 자산 형성·심리 상담·일상 돌봄 지원에 나선다. [사진=서울시 제공]

위기 임산부 체계적 지원 나선다

'2022년 3월경 경상남도 창원시에서 생후 76일 된 여아를 출생 신고하지 않은 채 장기간 방임하고 건강에 이상이 생겼음을 알고도 병원 진료도 받게 하지 않는 등 영양 결핍이 발생해 사망한 것으로 추정됨'

'2021년 1월경 인천광역시 미추홀구에서 친모가 혼외 출생한 딸을 출생 신고 없이 키우다가 친부의 경제적 지원이 끊기자 8세 아이를 살해. 그간 주민등록번호가 없어 유치원이나 초등학교 교육을 받지 못한 것으로 확인됨'

'2021년 12월경 아버지 사망 신고 과정에서 세 자매가 출생 신고 없이 살아가고 있다는 것이 밝혀짐. 태어나서 한 번도 의료기관 진료나 정규 교육을 받아 본 적이 없던 것으로 확인됨' (경상남도경찰청, 인천광역시, 제주특별자치도 제출 자료를 감사원이 재구성)

지난 2023년 9월 감사원이 보건복지부 정기 감사 결과 출생 미등록 아동 보호 및 관리 체계 불합리 문제를 지적한 이후 이에 대한 대책으로 그해 10월 31일 국회에서 '위기 임신 및 보호 출산 지원과 아동 보호에 관한 특별법'(위기 임신보호 출산법)이 제정돼 지난해 7월 19일 시행됐다.

당시 법 제안 이유로 "국가는 생명을 보호할 책무가 있음에도 우리 사회에 영유아 살해 및 유기 행위가 근절되지 않는 그 동기에는 오로지 개인만을 탓하기 어렵다"라며 "이에 경제적·심리적·신체적 사유 등으로 인해 출산 및 양육에 어려움을 겪는 임산부에 대한 상담 제공, 지원 연계 등의 보호 체계를 마련하고 그 태아 및 자녀의 안전한 출산과 양육 환경을 보장함으로써 생모와 생부, 자녀의 복리 증진을 돕기 위한 것"이라는 설명이 뒤따랐다.

위기 임신 보호 출산법 시행에 따라 서울시의회도 이런 상위법의 내용을 반영해 지난 3월 7일 '서울시 위기 임신 및 보호 출산 지원과 아동 보호에 관한 조례안'(위기 임신 보호 출산 조례)을 통과시켰다. 이 조례는 상위법이 위임하고 있는 보호 출산 지원, 지역 상담 기관 지정은 물론 위기 임산부 지원과 그 자녀인 아동 보호에 관해 서울시장이 해야 할 일과 책임을 강조하는 내용을 담고 있다.

위기 임신 보호 출산제란 위기 임산부가 출산한 자녀를 원가정에서 양육할 수 있도록 임신·출산 및 양육 지원 제도 안내 등에 대해 상담해 주고, 불가피한 경우 의료기관에서 가명으로 진료받고 출산할 수 있도록 지원하는 제도다. 태어난 아동에 대한 출생 등록 및 보호 조치를 국가의 책임으로 못 박은 것이다.

더 나아가 보호 출산제는 경제적·사회적 상황 등 다양한 이유로 아이를 키우기 어려운 상황에 놓인 위기 임산부가 가명으로 의료기관에서 산전 검진과 출산을 하고 출생 통보까지 할 수 있도록 해 산모와 아동의 생명과 건강을 보호하는 제도다.

다만 이 제도는 최후의 수단이어야 하므로 위기 임산부가 보호 출산을 고려하기 전에 직접 아동을 양육하는 것을 선택할 수 있도록 맞춤형 상담을 지원하는 상담 체계를 함께 구축·운영하도록 했다. 이에 따라 현재 서울시를 포함해 전국 16개 위기 임산부 지역 상담 기관과 전국 1308 상담 전화가 운영되고 있다.

이와 함께 시행된 출생 통보제는 아동이 의료기관에서 태어나면 아동의 출생 사실과 출생 정보를 바로 지방자치 단체에 통보하는 제도다. 신고 의무자가 출생신고를 해야만 아동을 출생 등록할 수 있는 현행 제도로는 출생 신고되지 않은 아동에 대해 국가에서 아동을 보호하기 어려운 게 현실이었다.

실제로 감사원 감사 자료에 따르면 지난 2015년부터 2022년까지 보호자가 내국인인 경우 출생 신고가 이뤄지지 않은 아동이 총 2,154명에 달했고, 이 아이들은 생존 여부조차 불투명했다. 또 보호자가 외국인인 아동은 이보다 두 배 가까이 많은 4,025명이 외국인 등록번호로 전환·관리되지 않은 채 임시 신생아 번호로 남은 것으로 드러났다. 그러나 감사원은 출생 신고 없이 살아가는 사람의 수는 이보다 훨씬 많을 것으로 당시 판단했다.

서울시는 이보다 앞서 지난 2023년 7월 '서울시 한부모가족 지원 조례'에 따라 전국 최초로 위기 임신부의 안전한 출산 및 양육을 지원하기 위한 '위기 임산부 통합 지원단'을 운영하기 시작했다. 위기 임신 보호 출산법 시행을 계기로 지난해 8월 '서울시 위기 임산부 통합 지원센터(1551-1099)'로 통합·확대했다.

이어 지난해 말 위기 임산부가 내 집처럼 편안하게 생활할 수 있는 전용 쉼터 10곳을 마련해 올해부터 운영에 돌입했다. 전용 쉼터는 심리적·정서적 어려움 등 다양한 사정으로 시설 생활이 어려워 개별적인 보호가 필요한 경우 이용할 수 있는 곳으로, 매입 임대주택을 활용해 1호당 1가구가 생활하는 방식이다.

올해 1~5월 서울시의 위기 임산부 상담 실적을 보면 총 178명을 대상으로 2,523건의 상담 서비스를 제공했다. 상담 후 개인 상황 및 의사를 반영해 직접 양육을 원할 때 출산 지원 시설로 연계하거나 쉼터, 아동 복지센터, 한부모가족지원센터 등으로 안내하고 있다.

최희곤 가족지원팀장은 "위기 임산부가 자녀를 직접 양육할 수 있도록 적극 지원하는 한편 유관기관과 협업을 통해 위기 임산부 발굴과 홍보를 지속적으로 강화할 예정"이라고 말했다.

📝 박상현 객원기자 shpark0120@gmail.com

오세훈 서울시장이 지난해 8월 21일 오후 서울 서대문구에 있는 '서울시 위기 임산부 통합 지원 센터'에서 열린 개관식에 참석한 후 위기임산부 통합지원을 위해 관계자들과 이야기 를 나누고 있다. [사진=서울시 제공]

AI 활용 발걸음 빨라진다

인공지능(이하 AI) 기술을 행정 전반에 도입하고 AI 신산업에 과감한 투자에 나서는 등 AI를 적극 활용하는 서울을 만들기 위한 시의 움직임이 본격화되고 있다.

서울시는 최근 전국 최초로 인공지능(AI) 기반 119 신고 응대 시스템인 'AI 콜봇'을 시범 운영 중이라고 밝혔다. 이는 신고를 받은 'AI 콜봇'이 긴급한 사건·사고나 즉각적인 대응이 필요한 사안을 자동 분류해 먼저 서울종합방재센터 접수 요원에게 연결, 처리하는 방식이다. 1분 1초가 급한 실제 현장의 골든타임을 확보해 시민들이 피해를 줄이기 위한 행정 혁신의 일환이다. 현재의 119 신고 시스템은 회선 720개를 갖추고 있으나 대형 재난이나 집중호우 등으로 동시 통화가 집중될 경우 통화량 초과로 ARS 대기가 길어져 자칫 인명 피해를 키울 수 있다. 특히 119신고는 사람이 직접 응대하기 때문에 유동적인 상황이 발생할 가능성이 높다. 'AI 콜봇'은 이런 문제를 해결하기 위한 것으로 119 신고 시스템에 AI 기술을 적용한 행정 사례로 주목받고 있다.

이와 함께 서울시는 공공 건설 공사장 폐회로텔레비전(CCTV) 영상에 AI 기술을 연동해 안전사고 위험을 자동 판별하고 공사 관계자에게 실시간으로 알려주는 'AI 기반 안전 관리' 시범 사업도 추진하고 있다. 일하다 다치거나 목숨을 잃는 일을 줄이기 위한 이 시범 사업은 올해 말까지 6개월간 대형 건설 현장인 ▲ 영동대로 복합개발 3구 ▲ 잠실종합운동장 리모델링 공사와 중소 규모의 ▲ 서울시립 김병주 도서관 신축공사 등 3개 건설 현장에 우선 시행된다.

서울시의 행정 혁신이 지난해 4월 'AI 행정 원년' 선포 이후 발빠르게 이어지고 있다. 지난해 시가 발표한 'AI 행정 추진 계획'에 따르면 ▲ 신뢰받는 AI 행정 기반 마련 ▲ AI 이용 환경 조성 ▲ AI 행정 혁신 가속화 등 3대 전략을 바탕으로 3년간 총 2,064억 원을 투입한다. AI가 산업·경제는 물론 일상생활까지 변화시키는 AI 공존 사회에 진입함에 따라 행정에 AI를 적극 활용·접목해 행정 서비스의 질과 시민 편의를 강화하겠다는 것이 핵심 목표다. [이 외에 AI 기술을 활용한 사업으로는 'AI CCTV 기반 실종자 고속 검색 시스템 구축', '생성형 AI 기반 서울시 공공 데이터 챗봇 구축', 'AI 기반 방범용 지능형 CCTV 확대 구축', 'AI 기반 포트 홀

자동 탐지 시스템 구축', '차세대 지능형 교통 시스템(C-ITS) 구축', '도시철도 시설 드론 관제 AI 시스템 구축' 등이 있다.]

행정에만 AI 기술을 집중하는 것이 아니다. 서울시는 지난 2월 발표한 'AI 서울 2025' AI 산업 육성 7대 전략을 통해 올해부터 '서울 비전 2030 펀드' 내 AI 특화 펀드를 신설해 2년간 총 5,000억 원을 조성하기로 했다. 이에 따라 올해 ▲ 미래 혁신의 핵심인 AI 분야 투자 강화를 위한 '인공지능 대전환' ▲ 시장 침체로 신속한 투자 지원이 필요한 '바이오' ▲ 상대적으로 자금 확보에 어려움을 겪는 초기 창업 기업을 지원하는 '첫걸음 동행(엔젤) 분야 등에 총 300억 원을 우선 출자한다. 이에 앞서 시는 민간과 함께 조성한' 서울 미래 혁신 성장 펀드'('19~'22)에서 AI 기업 262개사에 6,115억 원, '서울 비전 2030 펀드'('23~'26)에서 AI 기업 51개사에 728억 원을 이미 투자한 바 있다.

서울시 공무원의 업무 효율을 높이기 위한 '공무원 AI 혁신'도 가속한다. 이를 위해 올해 시 공무원의 AI 행정 혁신을 촉진하기 위한 '신기술 이용료 지원 사업'도 지원 대상을 대폭 늘려 지난해 208명에서 570명으로 3배 늘려 AI 이용료를 지원, 행정 전반에 '인공 지능화(AI-Zation)' 속도를 높이기로 했다. 실제로 지난해 지원 사업 시범운영 결과 시 공무원들은 생성형 AI를 문서 작성, 자료 조사, 데이터 분석 등 행정 업무 전반에 폭넓게 활용했으며 만족도는 100%에 이를 정도로 높게 나타났다.

서울시의원 아무나 하나

이와 보조를 맞추기 위해 서울시의회도 지난 6월 '서울특별시 인공지능 관련 기본 조례'를 통과시켰다. AI 기술이 급격하게 확산하는 시대적 조류에 대응하기 위한 지방 정부 차원의 선도적인 제도 정비 차원이다.

이 조례는 지난해 10월 16일 왕정순 의원(더불어민주당, 관악2)이 발의한 후 8개월여 간의 검토와 수정을 거친 것으로, 시민의 권익 보호와 함께 신뢰할 수 있는 인공지능 개발·이용을 위한 사회적 기반을 마련하는 것이 목적이다.

조례는 ▲ 국내외 AI 기술 동향 조사 ▲ AI 기술 연구개발·시험·평가 ▲ 전문 인력 양성·교육 ▲ 창업·기업 지원 ▲ 행정서비스 개선 및 스마트도시 구현 등 AI 생태계 전반에 대한 종합적 지원 내용을 담고 있다.

다만 조례는 AI 개발과 이용 과정에서 ▲ 시민의 권익과 존엄성 보호 ▲ 성별·나이·민족·종교 등에 따른 차별 금지 ▲ 사회적 약자 및 취약계층 보호 등을 기본 원칙으로 명시해 인간 중심의 AI 발전 방향을 제시했다. 또 '고영향 인공지능시스템'에 대한 별도 정의를 둬 기본권에 중대한 영향을 미치거나 위험을 초래할 우려가 있는 AI에 대한 특별한 규율 방안도 마련했다.

왕 의원은 "서울시가 인공지능 기본 조례를 제정함으로써 인공지능 시대 지방 정부 거버넌스의 새로운 모델을 제시하게 됐다"라며 "특히 시민의 권리 보호와 안전을 최우선으로 하는 인간 중심의 AI 정책 추진이 가능해질 것"이라고 밝혔다.

📝 박상현 객원기자 shpark0120@gmail.com

건설공사 현장에 설치된 CCTV에 적용된 AI 영상 검지기가 공사 현장에 쓰러진 작업자를 판별하는 있는 사례. 사진 우측 중간에 적색 네모에 쓰러진 작업자가 발견되는 모습 [사진= 서울시 제공]

서울시의원 아무나 하나

땅 꺼짐 전조 증상
시민 신고 현장 확인 등 의무화

'서울시, 지반 침하 발생 지역 노후 하수관로 전수 조사 및 선제적 정비'(2023년 11월 28일 보도자료)

'서울시, 땅꺼짐 불안 없도록 연 5,000㎞ 샅샅이… 지하 공동(땅속 빈 구멍) 특별 점검 10배 확대'(2023년 12월 21일 보도자료)

'서울시, 장마철 전후 '지하 공동 특별점검' 집중 추진 땅꺼짐 예방 총력'(2024년 8월 2일 보도자료)

서울시의 연이은 땅 꺼짐(싱크홀) 예방 대책에도 불구하고 지난해 8월 29일 서울 연희동 성산로에 대형 싱크홀이 생겨 승용차 한 대가 통째로 빠지는 사고가 발생했다. 사고 다음 날인 30일 서울시는 '연희동 땅 꺼짐 긴급 점검… 지반 침하 예방에 총력'이라는 제목의 보도자료에서 "현재 서울 시내 대형 건설 공사장, 지하 차도 등 굴착 공사 주변 등 침하 가능성이 있는 지역을 지속적으로 발굴해 면밀한 점검을 실시하겠다"라고 밝혔다.

연희동 땅 꺼짐 사고 원인에 대해 서울시는 "토질 지반 전문가 현장 조사와 3차례에 걸친 합동 점검 회의 결과 도로 침하 원인은 지형적 특성, 기상 영향, 지하 매설물, 주변 공사장의 영향 등 복합적인 요인이 작용한 것으로 분석했다"며 '지반 침하 사전 예방을 위한 개선안'을 발표했다.

개선안에서 서울시는 사고가 발생한 성산로 지하 매설물 전수 조사와 주변 공사장 특별 점검 이외에 노후 상·하수관로 개선 작업 강화, 굴착 공사장 주변 안전 관리 강화, 지표 투과레이더(GPR) 장비 성능 기준 강화, GPR 전문 인력 및 탐사 차량 추가 확보 등을 추진하기로 했다.

그러나 서울시의 이 같은 예방 대책에도 불구하고 지난 3월 24일 서울 강동구 명일동에서 지름과 깊이 모두 20m에 달하는 대형 땅 꺼짐(싱크홀) 사고가 또다시 발생했고, 지나가던 오토바이 운전자 1명이 추락해 소중한 목숨을 잃었다. 사고 당시 현장을 찾은 오세훈 시장은 "무엇보다 사고 원인을 조속히 찾아내 이런 일이 반복되지 않고 시민 여러분이 도로를 안심하고 이용하실 수 있도록 하겠다"라고 말했다. 아직까지 정확한 사고 원인은 알려지지 않았지만 사고 현장 지하에는 지하철 9호선 4단계 공사에 따른 터널이 조성돼 있어 싱크홀의 주요 원인인 것으로 추정되고 있다.

이어 같은 달 광명 신안산선 공사장 지하 붕괴 사고가 발생하자 서울시는 대형 굴착 공사장 인근에서 지반 침하 사고가 연이

서울시의원 아무나 하나

어 발생한 점에 주목해 서울 시내 대규모 지하철 굴착 공사장과 그 주변 지역에 관해 GPR 탐사를 집중 실시하기로 했다. 이에 따라 서울시는 최근 사고 발생 장소가 지하철 공사장 인근인 것을 고려해 가용 가능한 인력 41명과 조사 장비 15대를 총동원해 ▲ 서울도시철도 9호선 4단계 건설 공사(1~3공구) 4.1㎞ ▲ 동북선 도시철도 민간 투자 사업 건설 공사(1~4공구) 13.4㎞ ▲ 영동대로 지하 공간 복합 개발 공사 1.0㎞ 구간을 대상으로 GPR 탐사를 했다.

그러나 강동길 서울시의회 도시 안전 건설위원장은 땅 꺼짐 사고와 관련해 기존의 '사고 발생 이후 대응'에서 '전조 증상 단계부터의 신속 대응'으로 패러다임을 전환할 필요가 있다고 강조한다. 강 위원장은 "명일동의 경우 사고 훨씬 이전부터 공사 관계자가 지반 붕괴 우려를 제기하고 인근 주유소에도 균열이 있다는 민원이 제기됐음에도 서울시와 자치구, 공사 관계자들의 대응이 안일했다"라고 지적했다.

이에 강 위원장은 지난 4월 지하 개발 굴착 영향 범위 내 지반·시설물의 중대 변형 발생이나 시민의 신고 및 민원 접수 시 서울시가 즉시 현장 확인에 나서고, 필요시 공사 중지와 도로 통제 등 예방 조치를 취하도록 의무화하는 내용의 '서울시 지하 안전 관리 조례 일부 개정 조례안'을 대표 발의한 데 이어 지난 6월에는 서울시 지하 안전 위원회 산하에 '사고 예방 현장 조사 소위원회'를 신설하는 내용을 추가했다.

이와 함께 지하 안전 평가 대상 지하 개발 사업 도로에 대해 기존 5년 1회에서 월 1회 이상, 기타 도로는 2년 1회 이상으로 공동 조사를 강화하고, 지하 개발 공사장 굴착 기간에 토질·지질 분야 전문기술인의 현장 상주도 의무화하는 내용을 조례에 담았다. 이 같은 내용의 지하안전관리 개정 조례는 지난 6월 19일 서울시의회를 통과했다.

강 위원장은 "자동차와 사람이 다니는 서울 시내 도로 전부를 들여다볼 수는 없기 때문에 땅 꺼짐 사고를 100% 막을 방법은 없다"라면서도 "다만 중대한 안전사고 1건 발생 이전에 경미한 사고 29건, 그 이전의 미세한 징후 300건이 발생한다는 '하인리히 법칙'에 따라 사소한 징후라도 놓치지 않는 노력이 중요하다"라고 말했다.

한편 서울시는 잇단 땅 꺼짐 사고로 높아진 시민 불안을 해소하기 위해 GPR 특별 점검 결과와 시민 신고 조치 사항, 주간 단위 지반 침하 사고 등을 '서울 안전 누리'에 공개하고 있다. 이에 따르면 올해 7월 말 기준 서울에서 발생한 지반 침하 사고는 총 85건으로 평균 25일에 한 번꼴의 빈도를 보인다.

박상현 객원기자 shpark0120@gmail.com

서울시의원 아무나 하나

지난 3월 24일 저녁 서울 강동구 명일동 대명초교 사거리 인근에서 대형 땅 꺼짐 사고가 발생해 도로 한가운데가 크게 파손돼 있다. 김영원 기자 forever@hani.co.kr

외로움 겪는 시민들 위해
생애주기별 지원 대책 강화

보건복지부가 지난해 10월 발표한 '2024년 고독사 사망자 실태조사' 결과에 따르면 2023년 우리나라 전체 고독사는 3,661명으로 조사됐다. 2021년 3,378명, 2022년 3,559명에서 증가 추세다. 지난 2년간 고독사 사망자 수가 증가한 데에는 1인 가구가 늘어나고 1인 가구로 한정했던 고독사 범위를 넓혀서 조사한 것이 영향을 줬다는 게 보건복지부의 설명이다.

다만 전체 사망자 100명당 고독사 사망자 수는 2023년 1.04명으로 2021년(1.06명)보다는 다소 줄었다. 이는 2021년 '고독사 예방 및 관리에 관한 법률'(고독사 예방법) 시행과 고독사 예방 조례 제정, 2022년 39개 시군구 고독사 예방 시범사업 착수 등 정부와 각 지자체가 추진한 고독사 예방 활동에 따른 영향으로 풀이된다.

서울시의회도 이에 발맞춰 지난 2023년 10월과 지난해 12월 서울시장과 시의회가 발의한 조례를 잇달아 개정해 고독사 예방 및 사회적 고립가구를 위한 안전망 확충에 적극 나서기 시작했다.

서울시장 제출로 개정된 조례는 상위법에 맞춰 고독사의 정의를 확대하고 사회적 고립 예방 및 사회 참여를 유도하기 위한 지원 사업 추가, 성별·연령별·장애유형·거주형태 등에 따른 실태 조사 세부 항목 명시, '사회적 고립가구 지원센터' 설치 및 운영을 위한 근거 조항을 담았다.

이어 서울시의회 신동원 의원의 발의로 개정된 조례는 지원 대상을 고독사 위험자에 더해 사회적 고립 가구까지 확대하는 것과 함께 고독사 위험에 노출된 사람에게 정기적인 안부 확인, 심리상담·치료 등의 사업을 보다 원활하게 지원할 수 있도록 필요한 물품·서비스 또는 현금이나 바우처 등을 지원할 수 있도록 하는 내용이 추가로 포함됐다.

고독사에 대한 정의와 관련해서는 2020년 제정되고 2021년 4월 시행된 서울시 조례 상위법 '고독사 예방법'에는 고독사를 '가족, 친척 등 주변 사람들과 단절된 채 홀로 사는 사람이 자살·병사 등으로 혼자 임종을 맞고 시신이 일정한 시간이 흐른 뒤에 발견되는 죽음'으로 규정돼 있었다. 그러나 국회는 2023년 6월과 7월 법률 일부 개정을 통해 고독사를 '가족, 친척 등 주변 사람들과 단절된 채 사회적 고립 상태로 생활하던 사람이 자살·병사 등으로 임종하는 것'으로 변경했다.

이는 기존 법률이 고독사 대상자를 1인 가구로 한정했던 것을 종로구 모자 사망사건(2021.6.27.), 서대문구 모녀 사망사건(2022.11.23.)을 계기로 고독사 위험 노출 가능성이 있는 사람으로 대상을 확대하고, 시신 발견 시점에 대한 지자체 간 다른 기준을 단일한 기준(시점을 삭제하고 '임종하는 것'으로 규정)으로 바꿔 법률의 불명확성을 해소하고 고독사 정책의 혼선 발생을 방지하기 위한 것이었다.

서울시는 이 같은 시장의 의지와 시의회의 조례 개정에 따라 지난해 7월 모든 계층과 세대의 고립 해소 컨트롤 타워 역할을 할 전담 조직으로 돌봄 고독 정책관을 신설한 데 이어 11월에는 서울시 차원의 종합적·체계적 대응 계획으로 외로움·고독은둔 종합대책인 '외로움 없는 서울'을 수립했다. 종합대책은 △ 함께 잇다 △ 연결 잇다 △ 소통 잇다'의 3대 전략과 7개 핵심 과제로 구성돼 있으며, 신규 사업으로 여가·문화 활동에 대한 참여를 장려하기 위한 '365 서울챌린지', 고립·은둔 가구의 집밖 활동 유도를 위한 '서울안녕적립금', 외로움을 느끼는 시민을 위한 '서울마음편의점' 등을 추진하기 시작했다.

이를 위해 지난 2022년 10월 전국 지자체 중 처음으로 서울복지재단에 설립한 '사회적 고립 가구 지원센터'를 '외로움 없는 서울' 정책의 광역 실행 체계인 '서울시 고립 예방센터'로 개편해 그동안의 고립·은둔 취약시민 지원 중심에서 외로움 예방까지 담당하는 기능으로 확대했다.

고립 예방 센터는 현재 사회적 고립·은둔 가구 발굴을 위해 '스마트 안부 확인 서비스'를 24시간 가동하고 있다. 이 서비스는 일상생활에서 발생하는 전력·통신·앱·조도 등의 데이터를 인공지능(AI)과 사물 인터넷(IoT)이 24시간 감지, 분석해 이상 신호가 생기면 안부를 확인하는 것이다. 서울연구원과 카이스트, SH 공사 등 다양한 공공·민간기관과 협업해 'AI 안부 든든 서비스', 'AI 안부 확인 서비스', '스마트 플러그', 'AI 스피커 돌봄 서비스' 등을 통해 사회적 고립 및 고독사를 사전에 예방하기 위한 활동을 전개하고 있다.

이수진 서울복지재단 고립 예방 센터장은 "서울시의 촘촘한 돌봄 체계 구축 노력에도 불구하고 외부와의 접촉을 거부하는 고립 가구를 위해 사회적 고립을 겪은 당사자가 직접 고립 가구 치유 활동가로 일하는 '모두의 친구' 사업도 활발하게 진행하고 있다"라면서 "고독사 예방과 사회적 고립 심화를 최소화하기 위해 '외로움'을 겪는 시민들을 위한 생애주기별 지원 대책을 강화하는 데 주안점을 두고 있다"라고 말했다.

박상현 객원기자 shpark0120@gmail.com

서울시가 사회적 고립 가구 발굴 및 지원을 위해 서울시 내 종합사회복지관과 장애인·노인복지관 등 30개 지역 복지기관과 함께 추진하는 '잇다+' 사업의 일환으로 한 활동가가 중랑구 신내동에서 임대 아파트 단지를 찾아 1인 고립 가구의 안부를 확인하고 있다. [사진=서울시 제공]

외국인 주민과 다문화 가족 포용·통합 위한
정책 지속 강화

　행정안전부가 발표('24.10.24)한 최근 통계에 따르면 2023년 11월 1일 기준, 3개월을 초과해 국내에 장기 거주하는 외국인 주민 수는 총 245만 9,542명이다. 통계가 발표된 2006년 이후 역대 최다로 1년 전의 226만 명에 이어 2년 연속 최다 기록을 경신했다. 우리나라 총인구 5,177만 4,521명 대비 4.8%의 비중으로 다문화 사회 기준인 5%를 목전에 두고 있다. 독일은 13.7%, 캐나다는 25%, 싱가포르는 40%다. 경제협력개발(OECD) 국가 평균은 15%다.

　서울시의 경우 총인구 938만 4,512명 중 외국인 주민 수는 44만 9,014명으로 전국 비중과 같은 4.8%다. 이 중 한국 국적 취득자는 4만 6,649명, 한국 국적을 가지지 않은 자(외국인 근로자, 결혼 이민자, 유학생 등)는 36만 6,139명, 외국인주민 자녀는 3만 6,226명에 달한다. 2006년 서울의 외국인 주민 수(14만 8,966명)에 비하면

17년 사이에 3배를 웃도는 가파른 증가세다.

이처럼 국내 거주하는 외국인 주민이 늘어나자 서울시는 외국인 주민과 다문화 가족 지원을 위해 2007년 '서울특별시 글로벌 도시 촉진 조례', 2009년 '서울특별시 다문화 가족 지원에 관한 조례'를 각각 제정·운영해 왔다. 그러나 두 조례의 외국인 주민 서비스 중복 문제와 사각지대 개선 필요성이 제기되면서 2014년 이를 통합·정비한 '서울특별시 외국인주민 및 다문화가족 지원 조례'가 제정됐다.

현행 조례는 외국인 주민 및 다문화 가족에 대한 △ 주민의 지위 △ 기본 계획 및 시행 계획 △ 지원 내용 및 범위 △ 자녀 지원 △ 협의회 설치·운영 △집중 거주 지역 환경개선 사업, 민관 서비스 연계 및 협력체계 구축, 통계 및 실태조사 등 시책 사업 △ 외국인 주민 지원 시설 및 다문화 가족 지원센터 설치, 운영 지원 근거 △ 외국인 주민 및 다문화가족 지원 단체 지원 근거 등을 담고 있다.

조례는 외국인 주민을 '서울특별시 관내에 90일을 초과해 거주하고 있는 외국인 및 한국 국적을 취득한 자와 그 자녀'로, 다문화 가족은 '시 관내에 거주하며 재한 외국인 처우 기본법에 따른 결혼 이민자와 국적법에 따라 대한민국 국적을 취득한 자로 이루어진 가족'으로 정의한다.

이 같은 조례에 따라 서울시는 현재 서울 글로벌 센터와 15곳의 외국인주민 지원시설을 운영하면서 생활정보의 다국어 번역 제공, 한국어 교육, 문화 체험, 커뮤니티 행사 지원, 심리·진학·법률·노무 상담, 기술 교육 등을 제공하고 있으며 2곳의 이주여성 상담 센터와 7곳의 이주 여성 가정 폭력 피해자 보호시설도 운영하고 있다.

이에 더해 서울시는 지난해 5월 '우수 외국인 인재 유치', '수요 맞춤형 외국 인력 확충', '지역사회 안정적인 정착 지원', '내외국인 상호 존중 및 소통 강화'를 핵심으로 하는 '서울특별시 외국인 주민 정책 마스터플랜'을 발표한 바 있다. 마스터플랜에서 서울시는 '서울형 실용 한국어 교육과정' 개발과 서울형 실용 한국어 과정 수료자에 대한 특정 비자 전환 시 지방자치 단체 추천 쿼터 우선 추천 등의 혜택을 부여하는 방안도 검토하기로 했다.

서울시의회도 증가 추세인 외국인 주민과 다문화 가족 지원을 위해 다양한 내용의 개정 조례안을 발의하고 있다. 지난 2022년 6월 제8회 전국동시지방선거에서 〈더불어민주당〉 비례대표로 당선된 키르기스스탄 출신의 아이수루 서울시의원은 올해 2월 외국인 주민 및 다문화 가족 자녀를 양육하는 부모에 대한 교육 지원을 확대하는 내용이 개정 조례안을 발의했다. 다만 부모 교육 이외의 정보 제공, 상담 등의 추가 지원이 필요하다는 점에서 이 개정안은 폐기되고 최기찬 의원, 김경 의원이 발의한 개정 조례안과 함께 도시계획 균형 위원회의 통합·조정된 대안으로 제안돼 지난

3월 7일 서울시의회를 통과했다.

위원회 제안으로 통과된 개정 조례안은 외국인 주민 및 다문화 가족이 한국 사회에 안정적으로 정착하기 위해 필수적인 한국의 언어 및 문화, 제도 등을 구체적으로 규정하고 교육 수료자에게 인센티브를 제공할 수 있도록 하는 내용이 포함됐다. 실제로 법무부도 정부가 지정한 대학, 공공기관, 다문화 가족 지원센터 등에서 사회 통합 프로그램 이수자에게 귀화 및 영주 자격 신청 시 시험 면제 등의 혜택을 부여하고 있다.

이와 함께 개정안은 다문화 아동·청소년의 정체성 형성과 안정적인 사회 적응을 도모하고 글로벌 인재로 성장할 기회를 제공해 서울시의 포용성과 사회 통합성을 증진하기 위한 이중 언어 교육 지원 근거를 담았다. 이에 대해 시의회 심사 보고서는 "다문화 가족 자녀의 이중 언어 능력은 개인의 정체성 형성과 사회 적응에 중요한 요소로, 이중 언어 교육은 다문화 가족 자녀들의 자존감과 문화적 다양성 제고를 위해 필수적이며 자녀들은 물론 사회의 국제경쟁력 강화에도 이바지할 수 있을 것"이라고 평가했다.

오세훈 서울시장은 지난해 9월 열린 '외국인 정책 혁신 토론회' 개회사에서 "저출생과 고령화로 인한 인구구조 변화는 더 이상 미룰 수 없는 문제로 서울의 미래, 대한민국의 미래를 위협하고 있다"라며 "외국인 인력을 전략적으로 활용하는 것은 우리에게 주어진 과제이자 도시와 국가 경쟁력을 강화하기 위한 필수 대안"

　　　　　　　　서울시의원 아무나 하나

이라고 밝혀 외국인 주민 및 다문화 가족을 포용·통합하기 위한 시의 정책은 계속해서 강화될 전망이다.

박상현 객원기자 shpark0120@gmail.com

2009년에 문을 연 성북 외국인 주민센터가 열린의사회와 연 3회 실시하는 무료 건강검진 서비스에서 외국인 주민들이 진료받는 모습 [사진=서울시 제공]

OECD 불명예 1위국 '자살' 오명 벗을까

서울시의회는 지난 4월 30일과 6월 27일 '자살 예방 및 생명 존중 문화 조성을 위한 조례 일부 개정안'(자살 예방 개정 조례)이라는 같은 이름의 조례안을 연이어 통과시켰다. 앞선 개정안은 이효원 서울시의원(비례대표·국민의힘)이 발의한 것을 서울시의회 교육위원회가 수정한 '서울시교육청 자살 예방 일부개 정안'이고, 후자는 서울시장이 제안한 '서울시 자살 예방 일부 개정안'이다.

'시교육청 자살 예방 개정 조례'는 학생 자살 예방을 위해 학생 자살 예방 기관의 지정 및 운영에 관한 사항을 구체화하기 위한 것이 골자다. 학생 자살 예방 기관의 범위를 '학생 자살 예방에 관한 전문 인력과 능력을 갖춘 서울특별시 교육청 교육부 소관 비영리 법인 및 단체'로 명확히 하고 이를 지속적으로 운영하기 위한 제도적 기반을 마련하는 것이 개정안의 핵심이다.

서울시의원 아무나 하나

시 교육청이 학생 자살에 대응하기 위해 매년 '학생 마음건강 증진 추진 계획'을 수립하고 있지만 개별 사업 단위로 운영돼 사업 간 연계성 및 일관성이 부족하다는 지적을 받고 있다는 게 이 의원의 평가다.

이 의원은 "최근 많은 학생이 학업 스트레스뿐만 아니라 소위 왕따 및 학교 폭력 등 교우 관계, 가정환경 문제 등 다양한 요인으로 인해 심리적 사면초가 상태를 겪고 있다"라며 "자살 징후를 조기에 발견하고 선제적으로 개입하는 것이 중요하다고 판단했다"라고 개정 배경을 밝혔다.

실제로 여성가족부가 지난 5월 발표한 '2025 청소년 통계'에 따르면 '고의적 자해(자살)'로 인한 사망자 수(10만 명당)는 2023년 11.7명으로 2022(10.8명) 대비 0.9명 증가했다. 2011년 이후 13년째 청소년 사망 원인 부동의 1위다. 2위인 안전 사고(3.2명)의 4배에 육박한다. 경제협력개발기구(OECD) 평균에 비해서도 2배가 넘을 정도로 우리나라 청소년 자살률은 세계 1위다. 서울시 초중고 학생 자살도 2022년 30명에서 2023년 36명, 2024년 40명으로 해마다 늘고 있다.

질병관리청과 교육부가 함께 발표한 '2024년 청소년 건강행태 조사' 결과에서도 중·고등학생의 12.7%가 지난 1년간 자살을 생각해 본 경험이 있다고 응답했고, 4.8%는 실제로 자살을 계획한 것으로 드러나 학생들의 정신 건강 문제는 이미 우려 수준을 한

참 넘어선 상태다.

이 의원은 "현행 조례안이 자살 예방 지정 기관에 대해 별도의 요건을 두고 있지 않아 학생의 자살 예방과 관련해 교육·상담·연계 사업을 수행하기에는 부족한 점이 많았다"라며 "이번 개정을 통해 학생 자살 예방 사업의 전문성을 확보하고 이와 관련한 사업을 추진하는 데 보다 탄력성을 얻게 될 것"이라고 전망했다.

이와 달리 '서울시 자살 예방 개정 조례'는 지난 2015년 3월 존속기한 만료로 없어진 '자살 예방 위원회'를 다시 신설하는 것이 핵심 내용이다. 자살 예방 위원회는 지난 2011년 1월 13일 옛 '서울특별시 자살 예방 지원 조례'가 최초로 제정될 당시 자살 예방 정책 관련 전문적인 자문 및 심의를 주요 업무로 명시되면서 설치됐으나 2013년 3월 28일 해당 조례가 '서울시 자살 예방 및 생명 존중 문화 조성 조례'로 전부 개정되고 조례 부칙 상의 위원회 존속기한인 2015년 3월 말까지 연장 개정이 이뤄지지 않아 서울시 정신보건심의위원회에 통합된 바 있다.

임명미 시의회 보건복지위원회 수석 전문위원은 "'서울시 정신보건 심의위'는 자살 예방 위원회가 통합된 이후 자살 예방 위원회 고유 업무인 자살 예방 정책 자문 및 심의 등을 수행하지 않은 것으로 확인됐다"며 "10년간의 자살 예방 위원회 활동 공백과 별개로 연도별 우리나라의 '자살 사망자 수와 자살률' 추이는 심각한 수준"이라고 지적했다.

지난 2023년 기준 서울시민 10만 명당 자살률은 23.2명으로 전국 평균 27.3명보다는 낮은 수준이나 OECD 국가 평균 10.7명에 비하면 현저하게 높은 수치다. 또 서울시민 2명 중 1명(52.5%)은 스스로 정신 건강에 문제가 있다고 생각하고 있고, 지난 5년간 우울감 경험률도 6.5%에서 8.4%로 높아졌다고 서울시는 밝힌 바 있다.

이에 따라 임 위원은 "대한민국 '자살 문제'의 심각성과 지난 10년간의 운영 공백에 비춰볼 때 지금 시점에서라도 자살 예방 위원회를 재신설하고 구성 및 운영 규정을 정비하는 것은 타당성이 있다"고 검토 보고서에서 밝혔다.

한편, 서울시는 지난해 10월 '자살 예방 종합 계획' 발표 이후 2030년까지 자살률을 현재의 절반 수준인 12명으로 낮추기 위해 고위험군 중심의 사후 대응에서 일상에서 시민 마음 돌봄으로 정책을 전환하고 있다. 이를 위해 자살 예방 정책의 컨트롤타워 역할을 수행할 자살 예방 위원회를 행정1부시장을 위원장으로 실·국·본부장·시의원 및 각 분야 전문가를 위촉해 청년 등 세대별 대책과 분야별 협력 사업을 상의 논의하는 협력 거버넌스를 오는 11월부터 본격 가동한다는 계획이다.

이동률 서울시 시민 건강 국장은 "누구도 고립되지 않도록 일상에서 자살 신호를 먼저 발견하고 즉시 연결하는 체계를 공공이 책임지겠다"며 "모든 세대가 안심할 수 있는 마음돌봄 생태계를 만들어가겠다"고 밝혔다.

✍️ 박상현 객원기자 shpark0120@gmail.com

서울시가 청년의 자살 문제에 대한 해법을 찾기 위해 지난 7월 4일 시청 8층 다목적홀에서 개최한 '청년 자살 예방 100인 토론회' 포스터
[사진=서울시 제공]

서울시의원 아무나 하나

서울특별시 자살 예방 종합계획에 포함된 전국 및 서울시 자살률 비교표 [이미지=서울시 제공]

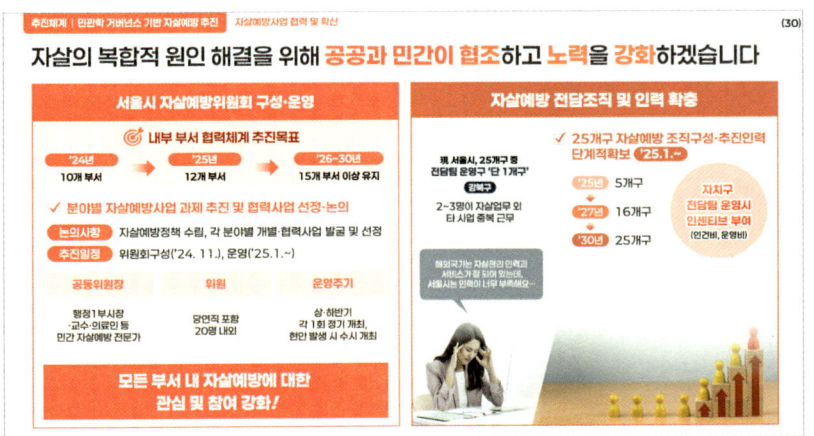

서울특별시 자살 예방 종합계획에 포함된 자살예방 정책 추진체계 [이미지=서울시 제공]

줄지 않는 디지털 성범죄…
안심 지원센터 통해 영상물 삭제 가능

지난 2019년 텔레그램에 개설된 단체 채팅방을 통해 불법 음란물을 생성하고 거래 및 유포한 소위 'N번방 사건'이 알려지자 온 사회가 들썩거렸다. 이어 2020년에는 서울대생 두 명이 대학 동문 12명 등 여성 61명의 사진을 딥페이크(인공지능 기반으로 가짜 이미지·동영상을 만드는 기술)를 이용해 음란물을 만들어 텔레그램으로 유포한 이른바 '서울대 딥페이크' 사건이 또 한 번 충격을 주면서 디지털 성범죄의 심각성이 사회적으로 크게 대두됐다.

이에 서울시의회는 지난 2021년 9월 10일 김경 의원(무소속, 당시 더불어민주당)이 발의한 '서울특별시 디지털 성범죄 예방 및 피해자 지원 조례안'을 본회의에서 통과시켰다. 이 제정 조례안은 당시 현행 법령상 법적 정의가 불분명한 디지털 성범죄에 대한 법적 정의를 명확히 하고, 디지털 성범죄 예방 및 피해자 지원에 대한 사항을 담았다.

특히 서울시가 디지털 성범죄에 적극적으로 대응할 수 있도록 해외 NGO, 국제 위원회 등을 통한 국제 공조 시스템 구축과 인공지능(AI) 등 4차 산업혁명 기술을 적용한 새로운 유형의 디지털 성범죄물에 효과적으로 대응하기 위한 관련 기술개발과 활용 지원, 국내외 협력체계 구축 내용도 포함했다.

당시 김경 의원은 제안 이유에서 "최근 '텔레그램 N번방' 사건을 비롯해 새로운 유형의 디지털 성범죄가 확산하면서 사회적 불안감이 높아지고 있고 특히 정보통신기술을 이용하는 매체 특성상 피해 영상물 등이 광범위하게 유포·공유돼 피해자의 일상생활에 심각하고 지속적인 손해를 끼치고 있다"라며 "이에 디지털 성범죄를 예방하고 피해자를 보호·지원하기 위한 서울시 디지털 성범죄 피해자 지원센터 등의 사항을 규정해 이를 근절할 필요가 있다"라고 밝혔다.

서울시의회 보건복지위원장 일부 수정안으로 가결된 이 제정 조례안은 디지털 성범죄에 대한 정의와 함께 예방 및 피해자 지원 계획 수립과 지원 사업, 실태 조사 및 신고 체계 마련 등 총 11개 조로 구성됐다. 특히 디지털 성범죄 피해자 관련 영상 삭제 지원 및 사후 모니터링이 주요 사업으로 처음 포함됐고, 이를 추진하기 위한 법인 또는 단체에 대한 서울시 예산 지원을 포함했다. 이를 근거로 이듬해인 2022년 3월 29일 '서울 디지털성범죄 안심 지원센터'가 처음으로 문을 열었다.

서울시는 안심 지원센터를 통해 불법 영상물 삭제 지원을 비롯해 수사·법률 지원, 심리 치료 및 의료지원 등을 원스톱으로 지원하고 있다. 개관 이후 지난 9월까지 총 4,134명의 피해자를 지원했으며 지원 건수로는 총 8만 8,962건에 달하고 있다.

안심 지원센터는 특히 전국 최초로 인공지능(AI) 기술을 도입해 24시간 디지털 성범죄 자동 추적·감시에 나서기 시작했다. AI 기술로 실시간 감시하면서 피해자와 관련된 각종 사회관계망서비스(SNS) 상의 피해 영상물을 자동으로 검출해 보다 빠르게 영상물을 삭제하고 재유포를 막고 있다.

피해자의 얼굴이나 특이점을 맨눈으로 판독해 수작업으로 찾아내던 기존 방식에서 AI 딥러닝 기술을 활용해 오디오·비디오·텍스트 정보를 종합 분석, 한 번의 클릭만으로 피해자와 관련된 모든 피해 영상물을 즉시 찾아내고 있다.

이 프로그램은 당시 서울기술연구원(現 서울연구원)이 2022년 7월 개발에 착수해 이듬해 3월에 완료, 현재도 활용하고 있다. 키워드 입력부터 영상물 검출까지 불과 3분 정도밖에 걸리지 않아 기존 1~2시간 소요되던 검출 속도가 획기적으로 빨라졌고, 정확도도 200% 이상 향상됐다.

무엇보다 최근 아동·청소년을 대상으로 하는 디지털 성범죄 피해 건수가 지속적으로 증가하고 있어 서울시는 이들의 피해 예방에 주력하고 있다. 아동·청소년은 본인이 삭제를 요청해야 하는 성인과 달리 '아동·청소년 성 보호에 관한 법률'에 따라 당사자나 부모의 신고 없이도 즉시 삭제가 가능해 AI 추적·감시를 통한 디지털 성범죄 피해 예방 효과를 높일 것으로 기대된다.

한편, 서울 디지털 성범죄 안심 지원센터에 따르면 올해 9월까지 디지털성범죄 피해지원 의뢰자가 790명(여성 697명, 남성 77명, 미확인 16명)으로 지난해(2,514명) 대비 줄어든 상태다. 이는 지난해 초중등생을 대상으로 한 딥페이크 사건이 많이 늘어난 데 따른 것이라고 센터 관계자는 설명했다. 그러나 불법 영상물 삭제 지원 건수는 올해 9월까지 1만 1,372건으로 이 추세대로면 지난해(1만 1,603건) 건수를 넘어설 것이 확실시되고 있어 디지털 성범죄에 대한 심각성은 여전한 상태다.

이선미 안심 지원센터장은 "디지털 성범죄 피해자와 가해자의 나이가 갈수록 낮아지는 추세를 보이는 데다 방법이나 수법이 갈수록 다양해지고 있어 이에 대한 경각심을 보다 강화할 필요가 있다"라며 "이에 따라 센터와 서울시여성가족재단은 디지털 성범죄 예방 및 대응 방법에 대한 교육과 캠페인을 지속적으로 해나갈 예정"이라고 말했다.

박상현 객원기자 shpark0120@gmail.com

지난 5월 서울시여성가족재단이 교육지원청, 경찰서와 함께 아동·청소년을 대상으로 진행하고 있는 디지털 성범죄 예방 교육 모습 [사진=서울시 제공]

한겨례

줄지 않는 디지털성범죄…안심지원센터 통해 영상물 삭제 가능

이런 조례 지원 조례 | 서울특별시 디지털성범죄 예방 및 피해자 지원 조례안

2020년 텔레그램에 개설된 단체 채팅방을 통해 불법 음란물을 생성하고 거래 및 유포한 이른바 'n번방'사건이 알려지자 온 사회가 들끓었다. 이어 2020년부터는 서울대생 두 명이 대학 동문 12명 등 여성 61명의 사진을 불법합성하는 기법으로 가짜 이미지·동영상을 만드는 기술이 유포되는 등 이런 식의 유포한 이런 사건마다 피해자들은 큰 고통을 겪고 있다.

제작업체 등을 통해 업계 공조시스템 구축과 인공지능AI 등 IT 산업계의 기술을 적용한 새로운 유형의 디지털성범죄물의 효과적으로 대응하기 위한 관련 기술 개발과 활용 지원, 국내의 협력체계 구축 내용도 포함돼 있다.

당시 김성회 의원은 제안 이유에서 "최근 'n번방', '박사방' 사건의 비롯해 새로운 유형의 디지털성범죄가 확산되면서 사회적 불안감이 높아지고 있고 특히 정보통신기술을 이용하는 매체 특성상 피해 영상물 등이 광범위하게 유포·공유돼 피해자의 영상삭제에 실효적이고 체계적인 피해를 예방하고 있다"라며 디지털성범죄를 예방하고 피해자를 지원하기 위한 서울시 디지털성범죄 피해자 지원센터 등의 사업을 규정해야 할 근거들이 필요하다"고 밝혔다.

서울시의회와 보건복지위원회는 일부 수정한으로 가결된 이 제정 조례안은 디지털성범죄에 대한 정의와 함께 예방 및 피해자지원 계획 수립과 지원사업, 실태조사 및 신고채

개 마련 등 총 11개조로 구성됐다. 특히 디지털성범죄 피해자 관련 영상 삭제 지원 및 사후 모니터링이 주요 사업으로 처음 포함됐고 이를 추진하기 위한 법인 또는 단체에게 서울시 예산 지원을 포함했다. 이를 근거로 이듬해인 2022년 3월29일 서울 디지털성범죄 안심지원센터가 처음 문을 열었다.

서울시는 안심지원센터를 통해 불법 영상물 삭제 지원을 비롯해 수사·법률·지원, 심리치료와 의료 지원 등을 원스톱으로 지원하고 있다. 개관 이후 지난 9월까지 41,020건의 피해자 지원활동에 1만 건 이상이 삭제 요청 등으로 접수되는 등 무려 18만6627건에 이른다.

안심지원센터는 특히 전국 최초로 AI 기술을 도입해 24시간 디지털성범죄 자동 추적·감시해 나서기 시작했다. AI 기술로 실시간 모니터링하면서 피해사진과 관련된 각종 사회관계망서비스(SNS) 상의 불법 영상물을 자동으로 검출해서 빠르게 영상물을 삭제하고 처리 속도가 획기적으로 빨라졌고 정확도도 20% 이상 강화했다.

무엇보다 최근 아동·청소년을 대상으로 하는 디지털성범죄 피해 건수가 지속적으로 증가하고 있어 서울시는 이들의 피해 예방에 주력하고 있다. 아동·청소년은 본인이 삭

지난 5월 서울시여성가족재단이 교육지원청, 경찰서와 함께 아동·청소년을 대상으로 진행하고 있는 디지털성범죄 예방 교육 모습
서울시 제공

세금 요청해야 하는 성인과 달리 아동·청소년 성범죄에 관한 법률에 따라 당사자나 부모의 신고 없이도 즉시 사진과 가능해AI 추적·감시를 통한 디지털성범죄 피해 예방 효과를 높일 것으로 기대된다.

한편, 서울 디지털성범죄 안심지원센터에 따르면 올해 9월부터 디지털성범죄 피해 지원 의뢰자가 7903명(남성 697명, 남성 77명, 미확인 16명)으로 지난해(5140명) 대비 증가한 상태다. 이 가운데 지난해 초등생을 대상으로 한 딥페이크 사건이 임시적으로 크게 늘어난 데 따른 것이라며 센터 관계자는 설명했다. 그러나 딥페이크 영상물 삭제 지원 건수는 지난해까지 1만6372건으로, 이 중 추세로 보면 지난해(803건) 전년 대비 2배 상승해 디지털성범죄에 대한 심각성은 여전한 상태다.

이선민 안심지원센터장은 "디지털성범죄 피해자와 가족사이의 연결이 감수록 낮아지는 추세를 보이고나타나 딥페이크 수법이 갈수록 다양해지고 있어 생각들을 더욱 갈라 나갈 필요가 있다"며 "이에 피해 예방 지역맞춤형 교육과 캠페인을 지속적으로 펼쳐나갈 예정"이라고 말했다.

박상현 객원기자 shparkd1208@gmail.com

132 p+1 4 km

'고령' '비정규직' 이중고 겪는
노동자 권리 보호한다

서울에 주소를 두거나 관내 사업장에서 일하는 고령(60세 이상) 비정규직 노동자의 고용안정을 지원하고 권익을 보호하기 위한 사업과 정책을 추진할 법적 근거를 마련한 '서울특별시 고령 비정규직 노동자의 고용안정 및 보호 조례'가 지난달 23일 서울시의회 본회의를 통과했다.

이 제정 조례는 고령 비정규직 노동자의 고용안정과 권익 보호를 위한 종합적인 지원체계를 마련한 전국 최초의 조례라는 점에서 급속한 고령사회에 대응하는 지방 정부 차원의 선도적인 입법으로 평가된다.

지난해 10월 왕정순 시의원(더불어민주당·관악 2)이 대표 발의한 이후 2개월여 간 검토를 거쳐 지난달 19일 서울시의회 기획 경제위원회에서 원안 가결됐다. 고용 불안과 열악한 노동 환경에 노출된 고령 비정규직 노동자의 실질적인 권리 보호가 주된 목적이다.

행정안전부의 주민등록 인구 통계와 국가데이터처의 경제 활동 인구 조사 결과에 따르면 2025년 8월 기준 전국 총인구는 5,115만 5,000명. 이 중 임금 근로자는 2,241만 3,000명이며 이 중 비정규직 노동자는 856만 8,000명(38.2%)에 달한다. 임금 근로자 10명 중 4명이 비정규직이다.

비정규직 노동자(856만 8,000명)를 연령별로 보면 15~19세 1.3%(11만 4,000명), 20대 16.7%(143만 1,000명), 30대 13.3%(113만 9,000명), 40대 14.1%(120만 4,000명), 50대 19.1%(163만 6,000명), 60세 이상 35.5%(304만 4,000명)로 60세 이상 비중이 가장 크다.

서울시의 경우 전체 인구 932만 2,000명 중 60세 이상은 255만 2,000명(27.4%)으로 이 가운데 경제활동을 하는 상당수가 아파트 경비원, 요양보호사, 청소 노동자, 돌봄 종사자 등 비정규직 형태로 생계를 유지하고 있다. 그러나 현행 제도는 '고령'과 '비정규직'이라는 이중의 취약성을 가진 노동자를 적절히 보호하지 못하는 실정이다.

이와 관련해 이준석 서울시의회 수석 전문위원(기획 경제위원회)은 검토 보고서에서 "고령자와 비정규직 근로자의 교집합인 '고령 비정규직 근로자'는 기간제법 제4조, 파견법 6조가 기간제·파견 근로자가 고령자인 경우 2년을 초과한 기간제 사용 기간과 총파견 기간을 적용할 수 있도록 한 예외를 제외하고는 별도의 지원·

보호 규정이 없어 구조적으로 취약한 지위에 있다”며 “고령자와 비정규직 모두 취약계층에 속하는 만큼 고용 불안, 열악한 노동 환경, 직장 내 괴롭힘 등 다양한 위험에 노출된 '고령 비정규직 근로자'에 대한 두터운 지원·보호 체계를 마련한다는 점에서 입법 필요성이 있다”고 평가했다.

이번에 통과된 조례의 주요 내용은 △ 고령 비정규직 노동자의 고용안정 및 보호를 위한 기본 계획 3년마다 수립·시행 △ 계약 연장 지원 사업 및 고용 유지 장려금 지원 △ 계속 고용 우수기업 선정 및 인센티브 제공 △ 직장 내 괴롭힘 상담 지원 △ 고용안정 위원회 설치·운영 등으로 구성돼 있다. 적용 대상은 서울시에 주소를 두거나 관내 사업장에서 근무하는 60세 이상의 기간제 노동자와 단시간 노동자, 파견 노동자 및 용역·도급 노동자다.

조례는 특히 고령 비정규직 노동자를 1년 이상 고용한 사용자에게 고용 유지 장려금을 지원하고 고용안정에 기여한 사업장을 '계속 고용 우수기업'으로 지정해 인증 마크 수여, 홍보, 표창 등의 인센티브를 제공해 고령 노동자에 대한 계속 고용을 장려하도록 했다.

이와 함께 직장 내 괴롭힘으로 어려움을 겪는 고령 비정규직 노동자를 위한 상담 지원 근거를 마련해 노동자가 직장 내 괴롭힘에 대해 객관적으로 판단하고 적절한 대응 방향을 모색할 수 있도록 하는 지원 체계를 담았다.

한편, 조례에 따라 설치되는 고령 비정규직 노동자 고용안정 위원회는 △ 기본계획 수립·시행 △ 지원 사업 △ 고용안정 및 보호를 위한 정책 등을 심의·자문하고, 서울특별시 노동자 권익 보호 위원회가 그 기능을 수행할 수 있도록 했다.

이를 위해 서울시는 고용안정 및 보호 정책 추진에 필요한 재원을 마련하고 필요한 경우 고령 비정규직 노동자의 고용안정 및 보호를 위한 기금도 설치·운용할 수 있도록 했다.

왕정순 의원은 "급속한 고령화 사회에서 일할 의욕과 능력이 있는 어르신들이 존엄하게 일할 수 있는 환경을 조성하는 것은 지방정부의 중요한 책무"라며 "이번 조례 제정으로 서울시가 고령 비정규직 노동자의 고용안정과 권익 보호에 앞장서게 됐다"고 밝혔다.

다만 이번 조례 제정에 따른 비용추계는 이뤄지지 못했다. 시의회 재정 분석과는 "조례의 내용이 선언적·권고적인 형식으로 규정되는 등 기술적으로 추계가 어렵고, 고령 비정규직 노동자 대상 지원 사업이 아직 구체적으로 정해진 바 없어 객관적 추계가 곤란하다"고 이유를 밝혔다. 이에 대해 서울시 노동정책팀 이진영 주무관은 "지원 대상이 되는 고령 비정규직 근로자는 60만 명 정도로 추산되지만, 최근 제정된 조례이기 때문에 기존 지원 사업을 조사, 취합해 올해 안으로 구체적인 계획을 수립할 예정"이라고 말했다.

📝 박상현 객원기자 shpark0120@gmail.com

　　　　　　　　　　　서울시의원 아무나 하나

'서울특별시 고령 비정규직 노동자의 고용안정 및 보호 조례'가 지난달 23일 열린 서울시의회 제333회 본회의에서 재석의원 62명 중 찬성 57명, 반대 1명, 기권 4명으로 통과됐다.
[사진=서울시의회 영상 회의록 갈무리]

4

서울시의원
25년의 검증

— 자질·능력·윤리 논란에 관한 기록

1961년 5·16 박정희의 군사 쿠데타로 발표된 포고령 제4호에 의해 1960년 12월 12일, 의원 정수 54명으로 구성된 제2대 서울시의회가 해산됐다. 그로부터 30년 만인 1990년 12월 31일 지방자치법이 개정돼(법률 제4,310호) 이듬해인 1991년 6월 20일 지방의회의원 선거가 실시돼 7월 8일 의원 정수 132명으로 제3대 서울시의회가 문을 열었다.

서울시의회는 30년 만의 부활 이후 서울시민의 삶에 가장 직접적으로 영향을 미치는 기초적이고 핵심적인 의사결정을 하는 민주주의 기구로 자리매김하고 있다. 그럼에도 불구하고 서울시민 다수는 자기가 사는 지역의 서울시의원이 누구인지, 무슨 일을 하는지, 시민의 삶에 어떤 도움을 줄 수 있는지 알지 못하는 유령 같은 존재로 남아있다.

이는 '관심 부족'의 문제라기보다 지방의원이 그 역할을 제대로 하지 못한 영향이 가장 크다고 할 수 있다. 물론 모든 시의원들이 그렇지는 않다. 무엇보다 집행기관인 서울시청이 다루는 행정에만 이해관계자와 언론의 관심이 집중돼 있다 보니 서울시의원에 대한 관심은 거의 사각지대 수준으로 전락해 시민들의 관심으로부터 멀어진 측면도 있다.

2022년 7월부터 시작한 제11대 서울시의회는 〈국민의힘〉이 과반 이상 의석을 차지하게 되면서 미디어 재단 티비에스(TBS) 설립·운영 지원 조례 폐지, 서울 학생인권조례 폐지, 서울시사회서비스원 설립 조례 폐지 등 사회적으로 큰 논란을 일으켰다. 결국 서울시의회가 만들거나 바꾸거나 폐지한 조례가 서울시민의 삶에 큰 영향을 끼쳤다는 방증이다.

1998년 전국 동시 지방선거 이후 25년간 서울시의회는 크고 작은 논란을 끊임없이 양산해왔다. 망언·성비위·예산낭비·민원갑질·정책무능·출석회피·부패까지. 문제의 양상은 다양하지만 그 뿌리는 하나다. '특정 정당 텃밭에서 공천만 받으면 당선되는 의원의 자질과 역량' 문제다. 아울러 양당 간 첨예하게 갈라져서 대화와 타협이 실종된 진영 정치의 문제도 있다.

그 피해는 고스란히 지역 주민들에게 돌아온다. 풀뿌리 민주주의가 심각한 위협에 처해 있다는 평가가 지배적인 이유다. 최근 큰 파문을 일으킨 김경 서울시의원의 공천 헌금 파동도 그 연장

서울시의원 아무나 하나

선에 있다. 서울시의원에 대한 자질과 능력, 실력과 역량이 아닌 공천권을 쥔 지역구 국회의원이나 지역위원장(당협위원장)과 어떤 관계를 맺고 있는지가 공천의 핵심 열쇠가 되면서 지역 주민을 위해 제대로 일할 시의원을 가려내지 못한 것은 아닌지, 그런 부분들이 지역 주민들이 자기 지역 서울시의원이 누군지 모르는 경우가 태반인 현 상황을 초래하게 된 것은 아닌지 모두 함께 반성해 볼 일이다.

이 책은 일간지 기자 출신으로 국회의원 보좌관과 각종 선거캠프에서 목격하고 경험한 상황을 바탕으로 1998년 이후 서울시의원과 관련해서 불거진 자질 시비, 능력 부족, 윤리적 일탈 등을 당시 언론보도를 근거로 유형별로 정리·분석했다. 개인을 향한 비난을 넘어 제도와 구조의 맥락에서 문제를 재해석하려는 시도다. 독자는 이 책을 통해 왜 지방의회의 존재감이 약하고 시민의 통제가 왜 작동하지 않고 있는지 그 일부만이라도 공감한다면 지역 정치의 풍토를 바꾸는 데 작지 않은 힘이 될 것으로 믿는다. (언론 보도에 언급된 실명은 익명 처리) 일부 서울시의원의 논란을 전체의 문제로 일반화하려는 것이 아니다. 단 한 명이라도 서울시민과 지역 주민의 이익에 반하는 정치인을 줄이기 위한 노력의 일환이다. 묵묵히 자신의 의정 활동에 최선을 다하는 분들이 훨씬 더 많겠지만 말이다.

인권 감수성 부족과 막말 논란

2022년 9월 14일 서울 신당역에서 스토킹 피해자가 근무 중 피살되는 충격적인 사건이 발생했다. 이 사건은 한국 사회의 스토킹 범죄에 대한 대응 실패, 피해자 보호 체계의 허술함, 그리고 공공기관 내 젠더 폭력 문제를 여실히 드러낸 비극이라는 평가가 지배적이었다. 이보다 두 달 앞서 대통령실과 국회에서 스토킹 처벌법의 실효성 강화를 논의하던 참이었던지라 그 충격은 훨씬 컸다. 그만큼 중앙정부·지방정부·정치권 모두에 무거운 숙제로 남아 있던 시점이었다.

그런데 이 와중에 한 서울시의원의 뜬금없는 발언이 국민들을 허탈과 분노에 빠지게 만들었다. 〈더불어민주당〉 소속 A 서울시의원은 사건 이틀 뒤인 16일 서울시의회 시정 질문에서 '신당역 살인 사건'을 언급했다. A 시의원은 "(가해자가) 좋아하는데 (피해 여

서울시의원 아무나 하나

성이) 안 받아주니 여러 가지 폭력적인 대응을 남자 직원이 한 것 같다."고 말했다. 이어 "가해자든 피해자든 부모의 심정은 어떨까요?"라며 "저희 아들도 다음 주 월요일 군에 입대를 하는데 아버지의 마음으로 미뤄 봤을 때 헤아릴 수 없을 정도로 억장 무너질 것 같다."고 말했다. (「'좋아하는데 안 받아주니 폭력' 서울시 야당 의원, 신당역 스토킹 살인 실언」, 『조선일보』, 2022.9.17)

이 같은 발언은 서울시와 산하 공공기관 직원들의 '마음 건강'에 관해 이야기하던 중 나왔다. 전체 발언의 취지는 '마음에 문제가 생긴 직원들에게 적절한 치료와 지원이 이뤄져 사고가 발생하지 않기를 바란다'는 것이었지만, 피해자가 가해자의 마음을 받아주지 않아 범행을 저지르게 됐다는 식으로 받아들일 수 있는 내용이 포함돼 있었다. 살인 사건 피의자를 옹호하는 듯한 의미로 해석되면서 시의회를 넘어 정치권 전체로 큰 논란을 일으켰다. A 시의원의 발언은 가해의 원인을 피해자의 '거절'에서 찾게 만드는 인식을 심어준다는 점에서 부적절함을 넘어 명백한 2차 가해에 해당했다.

논란이 확산되자 결국 A 시의원은 자신의 페이스북에 "시의회 제314회 임시회 시정 질문 중 신당역 사건에 관한 잘못된 발언으로 고인과 유가족에게 돌이킬 수 없는 상처와 슬픔을 안겨 드렸다"며 "깊이 반성하고 위로와 사죄의 말씀을 올린다"고 사과했다. 그는 이어 "시의원으로서 젠더 폭력에 대한 민감성이 부족했고,

무엇보다 참혹하게 살해된 고인과 유가족의 고통에 대한 공감이 부족했다"며 "우리 사회에 뿌리 깊게 자리 잡은 성차별과 잘못된 성 고정관념이 제게도 있었음을 고백한다. 이 시대를 살아가는 수많은 여성과 시민들에게 깊은 상처를 주었으며, 어떤 말로도 변명할 수 없다"고 밝혔다.

A 시의원은 또 "지난 21일 서울시당에서 당원 자격 정지 6개월의 징계를 내렸지만, 징계를 따르는 것만으로는 충분하지 않을 것"이라며 "같은 과오가 재발하지 않도록 성평등 관련 전문 기관의 자문을 받고 젠더 감수성과 성평등 인식 개선을 위해 구체적으로 학습하고 깊이 체득하겠다"라고 약속했다.

그러나 A 시의원의 발언은 몇 가지 구조적인 문제를 드러낸다. 첫째, 피해자에게 책임을 전가하는 함정을 안고 있다. '좋아했는데 안 받아줬다'는 표현은 범죄의 원인을 가해자의 폭력성에 두지 않고 피해자의 거부에서 비롯된 것으로 오해하게 만든다. 이는 범죄의 본질을 흐리고 피해자에게 숨겨진 책임을 암시하는 인식이다.

둘째, 정책 결정자가 지녀야 할 언어의 무게를 인식하지 못한 태도다. 지방의원이 가진 권한은 지방의회의 예산·결산 심의, 행정사무 감사, 조례 제·개정, 공공기관 운영 감시 등으로, 그 하나하나가 지역 주민의 복리를 증진하기 위한 정책의 전 과정에 직결돼 있다.

서울시의원 아무나 하나

이처럼 막중한 책임을 지닌 서울시의원의 인권 감수성이 결여된 발언은 '스토킹 범죄의 심각성을 제대로 인식하고 있는가'라는 근본적인 의문을 남긴다. 이러한 인식을 가진 시의원이 주민의 인권을 보호하고 향상시키는 공적 역할을 제대로 수행할 수 있을 것이라고 믿는 시민은 많지 않을 것이다.

셋째, 젠더 감수성이 결여된 현실을 보여 준다. 사건 직후 한 여성단체는 서울시의회 조사 결과를 인용해 "서울시의회 의원 대상 젠더 교육 수강률은 31%에 불과하다"고 지적한 바 있다. 이는 해당 문제에 대한 구조적 무관심을 반증한다.

선출직 공직자의 언어는 단순한 개인 의견의 표출에 그치지 않는다. 그 언어는 자신이 대표하는 지역 주민을 욕되게 할 수 있고, 해당 공직이 부여한 권한이 잘못 사용될 가능성을 암시한다는 점에서 위험한 담론이 될 수 있다.

실제로 서울시의원이 생활 폐기물 소각장 등 지역 갈등 사안과 관련해 지역 주민들을 향해 삿대질과 고성, 반말을 하는 사례도 시민사회에서 문제로 지적됐다. 『헤럴드경제』가 2022년 10월 2일 보도한 「'막말·고성' 점쳐진 민선 8기 서울시의회 첫 시정 질문」에 따르면, 제11대 서울시의회 제314회 임시회 첫 시정 질문에서 초선인 〈국민의힘〉 소속 B 시의원은 신규 광역자원회수시설 부지 결정에 항의하는 마포구 주민들에게 삿대질을 하며 반말로 소리를 질러 비난을 받았다. 의회 내에서 입장 차이로 의원 간 고성이 오가는 경우는 있을 수 있으나, 시민을 향해 직접적으로 반발하는 모습은 매우 이례적이다.

B 시의원은 마포구 주민들이 '전면 백지화'를 외치며 의회 안에서 반대 의사를 밝히자 갑자기 일어나 "조용히 해"라고 반말로 외쳤다. 마스크를 쓰지 않은 채 손가락질하며 고성을 지르자 주민들 역시 "뭐가 시끄러워, 전면 백지화시켜, 우리는 죽어"라며 강하게 맞섰다.

서울시의회는 공식 회의장 안에서만 존재하는 기관이 아니다. 서울 곳곳의 민원 현장, 주민센터, 재개발 구역, 학교, 복지 시설, 도로 공사 현장에서 '서울시의회가 시민을 대하는 방식'은 그대로 드러난다.

이 같은 막말을 유형별로 나누면 첫째는 직위 의존형 권위주의다. "내가 누군 줄 알아? 서울시의원이야"라는 인식의 기저에는 '광역 의원'이라는 직책 자체를 권위의 근거로 삼는 사고방식이 깔려 있다. 이는 행정 실무자나 시민을 '하위의 존재'로 인식하는 태도에서 비롯된다.

둘째는 감정 폭발형 현장 언행이다. 사안에 따라 의견 차이가 존재할 수 있음에도 감정을 통제하지 못하고 즉각적인 폭언으로 대응하는 경우다. 이후 언론 보도를 통해 문제가 공론화되면 사과로 마무리되는 악순환이 반복된다.

셋째는 공청회나 설명회에서 주민 발언을 제지하는 사례다. 주민 의견 수렴 절차가 실제로는 '의원 중심 행사'로 변질되면서 합리적 토론이 실종되는 경우다.

전문가들은 지방의원 다수가 지역 조직 기반 정치 속에서 성장하면서 조직 동원과 민원 해결 중심의 정치가 일상적인 권위주의를 재생산한 결과라고 분석한다. 아울러 지방의원에게 제공되는 차량 지원, 출장, 의전 등의 예우가 서울시의원을 '작은 국회의원'으로 착각하게 만든다는 지적도 있다. 이에 따라 서울시의회 윤리특별위원회의 권한 강화, 선거 과정에서의 후보 검증 강화, 서울시의원에 대한 언론 감시 확대가 필요하다는 목소리가 나온다. 그러나 서울은 지역 언론의 토대가 사실상 부재해 이러한 감시가 작동하지 않는 구조적 한계를 안고 있다. 서울시의회와 25개 자치구의회, 서울시청과 각 구청을 감시·견제할 수 있는 풀뿌리 언론이 활성화돼야 하는 이유다.

'시민을 대하는 태도가 그 의원의 실력이다'라는 말이 있다. 시의원의 전문성 부족도 문제지만, 시민을 대하는 권위주의적 태도는 공직에 대한 왜곡된 인식과 주권자인 시민에 대한 인권 존중 의식의 결핍으로 이어진다. 이는 결국 민주주의 감수성의 문제로 귀결된다. 공천과 선거 과정에서 이러한 인물들이 최대한 걸러질 수 있도록 제도적 장치를 마련하고, 유권자의 세심한 검증 투표가 절실히 요구되는 이유다.

성비위·성추행·성희롱 의혹 논란

지난 2021년 9월 9일 『조선일보』에 「성추행 의혹 민주당 서울시의원, 제명 직전 탈당」이라는 제목의 기사가 보도됐다. 보도에 따르면 〈더불어민주당〉 소속 서울시의회 C 시의원은 전년도 말부터 민주당 관계자 여러 명을 대상으로 성희롱 발언을 했고, 술자리에서 부적절한 신체 접촉을 했다는 내용의 익명 투서가 접수돼 당 차원의 제명 결정이 내려진 직후 자진 탈당했다. 당에서 제명 조치를 통보하기 전에 미리 스스로 탈당했다는 것이다. C 시의원은 지난 2018년 지방선거에서 〈더불어민주당〉 강남 제2선거구 시의원으로 당선됐다.

당시 〈더불어민주당〉에 익명의 고발장이 접수되면서 논란이 불거지기 시작했는데 당 윤리기구의 조사 결과 김 시의원이 상습적으로 성희롱 발언을 하고 술자리에서 부적절한 신체 접촉을 한

서울시의원 아무나 하나

사실이 확인된 것으로 전해졌다. (「與 소속 시의원 '성추행' 제명… 제명 통보 전 '셀프 탈당'」, 채널 A, 2021.9.8.) 해당 기자의 전화가 연결돼 아래와 같은 짧은 통화가 이뤄졌다.

[김** / 서울시의원]
(채널A 기자 : 탈당 사유를 여쭙고자 연락드렸습니다.)
그냥 일신상의 이유로.
(기자 : 윤리위에 제소된 것이 있는 것으로 알고 있는데요.)
아니. 그냥 탈당했습니다. 끊겠습니다.

C 시의원은 그 이전에는 문재인 대통령 후보 선거캠프에서 활동했으며 '고(故) 박원순 서울특별시장(葬)' 장례위원회의 장례위원을 맡기도 했다. 당시 민주당 대선 경선 후보인 이재명 경기지사 지지 선언에 이름을 올리기도 했다.

서울시의회의 한 수석전문위원이 여성 직원들에게 강제추행과 성희롱을 하다 직위 해제된 경우도 있다. 시의회 전문위원은 선출직 공직자는 아니지만 시의원들의 정책을 지원하는 전문가라는 차원에서 서울시의회에 대한 시민들의 신뢰를 훼손한다. 시의원이 아니라고 별개 문제로 치부할 수 없다.

『경향신문』 2023년 6월 7일 보도 「어깨 주무르고 성희롱 발언한 서울시의회 전문위원 직위해제」에 따르면 서울시 성희롱·성폭력심의위원회는 시의회 수석전문위원(4급) A씨가 성비위를 저질렀다고 결론 내렸다. A씨는 2022년 11월 전문위원실에서 여성인 B씨의 목 부위를 손으로 잡고 3~4회 흔들었다. B씨가 손을 뿌리치며 주위를 살피자 "여기 지금 나 말고 아무도 없다"며 B씨의 어깨를 주무른 것으로 파악됐다. A씨는 또 시의회 엘리베이터 앞에서 다른 여직원 C씨와 대화하던 중 손을 C씨 팔 안쪽에 집어넣은 것으로 조사됐다.

성희롱 발언도 일삼아왔다. A씨는 같은 해 8월 30일 지방에서 열린 세미나에서 시의회 다른 여성 D씨의 숙소로 찾아가 방을 바꿔주겠다며 "체취를 느낄 수 있어 좋다"는 등의 발언을 한 것으로 조사됐다. 같은 해 7월에는 시의회 회의장에서 회의 준비를 하던 여성 E씨에게 "누구랑 뽀뽀를 이렇게 했길래 입술이 다 텄나"라고 발언했다. A씨에게 강제추행과 성희롱 등 피해를 본 직원은 총 5명으로 알려졌다.

성비위 의혹으로 서울시의원 제명이 결정된 사례도 있다. 『뉴시스』 2025년 11월 6일 보도 「'성비위 의혹' *** 전 서울시의원 "제명 취소해달라" 2심도 패소」를 보면 〈더불어민주당〉 소속 D 전 서울시의원이 서울시의회를 상대로 제명 취소 소송을 제기했으나 1심에 이어 항소심에서도 패소했다. 서울고법 행정3부(부장판사 윤강열)는 D 전 시의원이 서울시의회를 상대로 낸 제명의결 처분 취소 소송에서 원고 패소로 판결한 원심 판단을 유지했다.

재판부는 "징계와 관련된 서울특별시의회의 각종 규정 등에 비취보면 징계 절차 중 (징계) 심사를 함에 있어서 반드시 선서하고 증인신문 절차를 밟아야 되는 것은 아니라고 인정된다"고 밝혔다.

이어 "징계 사유는 징계 대상자인 원고가 서울시의회 의원으로서 준수해야 될 품위손상 정도가 중대하다고 해서 제명한 것"이라며 "원고가 제명 사유를 계속 밝히지 않아 성비위 의혹이 커질 수밖에 없었고 이에 따라서 의회의 체면이나 위신, 신용도가 손상됐다고 판단된다"고 지적했다.

D 전 의원은 지난 2023년 4월 성비위 의혹이 불거지면서 시의회 민주당 원내대표직에서 물러났다. 서울시의회 윤리특별위원회는 같은 해 8월 D 전 의원 제명을 가결했고, 같은 달 28일 본회의 의결로 제명 징계가 확정됐다. 이에 불복한 D 전 시의원은 제명의 결처분 집행정지 신청과 취소 소송을 냈으나 집행정지 신청은 기각됐고 본안 소송 1심과 2심 모두 패소했다. 선출된 시의원에게 최고 수위 징계인 제명이 결정된 것은 서울시의회 역사상 처음이다.

『시사저널』이 성비위 의혹 당사자인 A씨가 서울시의회 윤리특위에 제출한 A4 용지 8장 분량의 진술서를 단독 입수해 2023년 8월 25일 보도(「*** 시의원 제명 사유는 '품위 손상' 아닌 '성 비위'… 민주당, 축소·왜곡 의혹」)한 내용에 따르면 D 시의원은 2020년 11월경 부적절한 장소에서 A씨와 처음 만났다. 이후 두 사람은 연인 관계로 발전했고 2022년 3월 20일, A씨가 임신 진단 양성 판정을 받았다. A씨는 "D 시의원에게 임신 사실을 알렸다. 그러자 D 시의원이 '내 아이가 아니다. 책임질 수 없다'면서 낙태를 종용했다"고 주장했다. 결국 2022년 4월 14일 A씨는 임신 중절 수술을 받았다. 이후 2022년 10월 8일, A씨가 두 번째 임신을 하게 됐다. A씨는 "다음 날 D 시의원과 격한 몸싸움을 벌였다"면서 "이후 복통이 시작되더니 출혈이 생겼고 유산기가 보였다. 병원에 갔더니 자궁 외 임신이라고 하더라"고 밝혔다.

A씨는 이 모든 사실을 세상에 알리고자 했고 이를 위해 먼저 D 시의원을 고소하기 위해 ○○경찰서를 찾았다. A씨는 "경찰 측에서 오히려 사건을 무마하려고 했다. 그래서 민주당에 알릴 수밖에 없었다"고 말했다. 〈민주당〉 중앙당 윤리감찰단이 조사를 시작했고 이후 〈민주당〉 서울시당 윤리심판원으로 이관됐다. 결국 〈민주당〉에서 D 시의원을 제명했고 뒤이어 서울시의회도 제명을 결정하게 됐다. 기사 보도 이후 D시의원은 『시사저널』에 "낙태 종용과 폭행·폭언은 없었다. 오히려 A씨가 나를 폭행해 경찰로부터 데이트폭력 경고장까지 받았다. A씨를 폭행, 협박, 공갈, 허위사실 유포 등으로 경찰에 고소한 상태다. 선출직 공직자로서 저의 행동이 부적절한 것에 깊이 반성한다."는 입장을 전해왔다.

D 시의원에 대한 징계 사유가 성비위가 아닌 품위 손상이었으나 〈민주당〉이나 서울시의회가 D 시의원에게 최고 수위 징계인 제명을 결정한 것은 A씨의 주장이 사실로 받아들인 것으로 보인

서울시의원 아무나 하나

다고 『시사저널』은 풀이했다.

제명은 지방의회에서 가장 강력한 징계로 그만큼 문제의 심각성을 반영한 것으로 볼 수 있다. 이번 사건은 서울시의회의 윤리 시스템이 제대로 작동된 선례로 남았다는 점에서 의미가 있다고 할 수 있다.

끊이지 않는 서울시의회의 성비위 논란을 단순히 '한 사람의 잘못'으로 치부하는 것은 사안을 축소하는 것이다. 서울시의회, 서울시의회 수석전문위원이라는 권력 관계 안에서 성비위 문제가 발생했다는 점, 성인지 감수성 부족과 조직 문화가 문제를 방치하는 분위기를 조성했다는 점, 징계·조사 절차 과정에서 해당 사실이 정확하게 밝혀지지 않아 명확한 진상규명에 한계가 있었다는 점에서 개선 과제를 남겼다고 볼 수 있다. 성 비위 문제는 시민으로부터 부여받은 공적 신뢰를 심각하게 훼손하는 행동으로 이를 사전에 예방 및 대응할 수 있는 시스템을 강화할 숙제를 우리 사회와 정치권에 던져 준다.

외유성 연수 및 금품수수 문제

국회의원과 지방의원들의 혈세 낭비성 관광성 외유는 끊임없이 제기되는 단골 이슈다. 現 제11대 서울시의회 기획경제위원회 소속 의원들이 지난 2022년 10월 호주 시드니로 연수를 떠났다. (「황당한 해명 가득…서울시의회 수상한 해외연수」, 『YTN』 2023.1.6.) 5박 7일 동안 서울시민 혈세 4,800만 원이 사용된 호주 연수 보고서를 보면 사전 계획에는 연수 5일째와 6일째, 박물관과 전통시장을 찾기로 돼 있었다.

그런데 현지에서 갑자기 블루마운틴 국립공원과 달링하버, 오페라하우스 탐방 일정이 추가됐다. 또한 시드니 지역 교포들과 술을 곁들인 일요일 점심 자리가 추가됐는데 이로 인해 시장 방문 일정이 변경됐다. 호주 연수의 핵심 목표 중 하나가 바로 지역 경제 활성화 방안을 마련하기 위한 것이었는데 식사 약속 때문에 주요 일정이 바뀐 것이다.

당시 연수에 동행한 서울시의회 관계자는 "주말인 탓에 기관 방문이 어려웠고, 점심 식사에서 술을 마신 건 호주 현지 식사 문화"라고 해명했다. 주말 기관 방문이 어려운 건 사전에 충분히 확인 가능한 부분이었음을 고려하면 적절한 해명이라 할 수 없다.

2022년 4분기에만 서울시의회에서 계획된 해외연수는 모두 4건이라고 한다. 그중 1건은 반려됐다. 4분기에 시의원들의 해외연수가 몰린 이유에 대해 한 서울시의회 의원은 "올해 예산이 남으니까 위원회마다 계획을 세워 국외 연수를 다녀오자고 독려하는 분위기였다."고 밝혔다고 언론에 전했다.

채지원 교수(경희대 공공거버넌스연구소)는 이와 관련해 『YTN』 보도에서 "국민 세금을 용도에 맞게 잘 썼는지에 대한 사후 감독이 지금 안 돼 있고, 후속 조치를 어떻게 할 건지에 대한 점검이 필요하다"라고 지적했다. (이후 『YTN』은 언론중재위의 조정에 따른 반론 보도를 통해 서울시의회 기획경제위가 "주요 일정 변경 없이 계획상의 활동을 모두 이행했으며, 주말을 활용해 현지 한인회와 협력 사업을 논의한 것으로 관광 일정을 마구 추가한 것은 사실이 아니다"라고 밝혔다. 또 "뉴사우스웨일스주와 서울시 간의 투자 환경 및 스타트업 벤치마킹 등의 정책 교류 차원에서 2022년 7월부터 추진된 것으로 예산이 남아 계획 없이 해외를 방문한 것이 아니다"라고 밝혔다.)

시의원들의 관광성 외유는 이전에도 계속해서 제기됐다. 지난

2013년에는 서울시의회 의원 전체 정원의 40%가 넘는 47명이 미국과 유럽 등 해외로 연수를 다녀왔다. 그해 3월 한 달 사이 보건복지위는 7박 10일간 그리스와 터키를, 환경수자원위는 6박 8일간 미국 로스앤젤레스와 샌프란시스코를 다녀왔고, 문화체육관광위는 7박 9일간 영국과 러시아를 다녀왔다. 건설위는 7박 9일 일정으로 영국, 프랑스, 스위스, 네덜란드를, 행정자치위는 이탈리아, 프랑스, 스위스를 방문했다. 연수나 여행 경비로 사용된 예산은 약 1억 7000만원으로 알려졌지만 어디서 누굴 만났는지, 예산을 어떻게 썼는지는 밝히지 않았다. (「서울시의회 의원들 무더기 해외 연수 논란」, 『채널A』 2012.3.27.)

『한국일보』가 정보 공개청구를 통해 2014년 7월부터 2018년 5월 말까지 4년간 전국 17개 시·도의회 의원 총 789명(2014년 지방선거 당선자)의 국외연수에 들어간 예산을 분석한 결과, 국제 교류·상임위원회 연수·해외 비교 시찰 등 각종 명목의 해외 출장에 총 127억 원(동행 직원 포함) 정도의 의회 예산이 투입된 것으로 확인됐다.(「광역 의원 '외유 출장' 4년간 127억…혈세 샌다」, 『한국일보』 2018.8.2.) 이들의 허술한 출장 계획을 걸러낼 공무 국외연수 심사위원회는 사실상 100%의 승인율로 '프리패스' 수준에 머물고 있다고 『한국일보』는 지적했다.

의원 1인당 출장 비용의 지역별 격차도 컸다. 경기가 1,859만원(4년 기준)으로 가장 많았다. 이는 가장 적게 사용한 대전(1,187만

서울시의원 아무나 하나

원)보다 57%나 많은 금액이다. 대전광역시 의원들은 조사한 17개 시·도의회 중 유일하게 2014년 동안 해외 출장을 가지 않았다. 경기에 이어 전북이 1,791만 원, 대구가 1,725만 원으로 뒤를 이었다. 서울은 1,681만 원으로 6위에 올랐다. 인천(1,367만 원)과 광주(1,382만 원)는 1인당 비용이 대전에 이어 낮게 나타났다. 1인당 비용은 의원 출장에 수행 직원이 따라붙는 점을 감안해 의원과 의회 직원이 쓴 총 비용을 의원 수로 나눠 계산했다.

특히 경기와 서울은 유독 임기 말인 2018년 상반기에 사용된 예산이 많았다. 경기의 경우 2018년 단 5개월 동안 의원 해외 출장에 들어간 비용이 총 5억 6028만 원으로 전년도(6억 4,623만 원)의 87%에 달하는 수준이었다. 서울 역시 2018년 지방선거 이전 5개월간 2017년(4억 3,290만 원)의 84%에 해당하는 3억 6,511만 원을 사용했다.

일반석(이코노미석) 가격의 두 배에 달하는 비즈니스석 항공권을 이용한 의회도 6곳이나 됐다. 서울은 자매도시 교류 방문 23건 중 21건에서 일부 의원들이 비즈니스석을 이용했고 대전 의원들은 베트남, 일본, 중국, 러시아 등 비교적 근거리 출장에도 비즈니스석을 탔다. 경기는 □□□, △△△ 전 의장이 각각 2회, 1회 이용했고 이외 2명이 더 비즈니스석을 탔다. 충남도의회 의장은 항상 비즈니스석을 이용했으며 경남, 부산 광역의원들도 이용 내역이 있었다. 의장 등 광역의원의 경우 조례를 통해 비즈니스석

이용이 가능하지만 대부분 지방의회에서 동행 직원과 동일한 이코노미석을 이용한 점을 감안하면 출장 내용에 비해 지출이 과하다는 해석이다.

막대한 세금이 투입되고 있지만 광역의원들의 출장과 연수 등 해외 활동은 대부분 시정을 빙자한 관광 일색이었다고 한국일보는 보도했다. 의회 예산이 투입된 17개 시·도의회 광역의원들의 결과보고서 30여 개를 무작위로 골라 살펴봤지만 대부분 공식 기관 방문보다 관광 일정이 많았고, 나름대로 도출한 시사점 역시 하나 마나 한 원론적인 수준에 그쳤다. 일부 보고서는 시간대별 일정과 내용을 표시하고 면담과 질의 내용을 충실하게 썼지만 상당수는 엉성한 구성에 보고서 요건조차 갖추지 못했다.

해외 출장의 유일한 결과물인 결과보고서가 수준 이하로 작성돼도 용인되는 것은 내·외부의 감시망이 작동하지 않는 탓이다. 17개 시·도의회에 확인 결과 결과보고서에 대해 의회 자체 검토나 외부 단체의 감시를 정기적으로 받는 곳은 전무했다. 국외연수를 사전 심사하는 의회의 국외공무여행 심사위원회는 연수 계획만 살펴볼 뿐 결과보고서를 평가하지는 않는다. 대부분 시·도의회는 귀국 후 15~20일 내 결과보고서 제출과 홈페이지 게재 의무만을 부여할 뿐이다.

이근주 이화여대 행정학과 교수는 『한국일보』에 "국회나 지방의회는 정치적 독립성이 강해 견제하기가 쉽지 않다"며 "결국 의

서울시의원 아무나 하나

원들의 자정 노력이 가장 중요하며, 이를 위해 의회 내 지자체, 외부 전문가, 시민 등으로 구성된 준독립 기구를 만드는 등 의정활동을 감시하는 시민들의 노력이 필요하다"고 말했다.

유권자에게 금전을 받은 혐의로 유죄를 받은 서울시의원도 있었다. 『헤럴드경제』 2022년 7월 15일 보도(「'2,000만 원 수수' OOO 전 서울시의원 항소 기각…원심 유지」)에 따르면 E 시의원은 부정청탁 및 금품 등 수수의 금지에 관한 법률(청탁금지법) 위반 혐의로 기소돼 2심에서 1심과 같은 징역 10개월에 집행유예 2년을 선고받았다. 1심에서 명령한 사회봉사 240시간 이수와 추징금 2,000만 원도 유지됐다.

재판부(서울동부지법 제3형사부)는 "피고인은 돈을 받게 된 수수 과정이 굉장히 불량하게 판단되고, 그 의도도 굉장히 좋지 않아 보인다"며 "이를 종합해 보면 1심 형량이 무겁게 보이지 않는다"며 기각 이유를 밝혔다. E 전 시의원은 2018년 2월 지역구인 서울 성동구 내 유권자이자 건축업자인 김모 씨로부터 1,000만 원을 받는 등 총 2,000만 원을 수수한 혐의로 재판에 넘겨졌다. E 전 시의원 변호인은 "구의원과 시의원으로 15년 동안 일한 피고인은 금품 수수를 뼈저리게 후회하고 반성한다"며 "재직 기간 성실하게 봉사하며 살아왔는데 이 사건으로 공직을 퇴임해야 하는 상황이 돼 부끄럽고 죄송하게 생각하고 있다"고 말했다.

국회도 그렇지만 지방의회 역시 첨예한 이슈에 대해서는 날 선

비판과 상대 당에 대한 공격을 감행하지만, 양당의 이해와 이익이 일치하는 경우에는 손발이 잘 맞는다. 외유성 해외연수도 그런 경우다. 해외연수뿐 아니라 정책 개발비, 의정 활동비 등 막대한 시민 혈세가 집행되는 예산에 대해서는 철저한 사전 적격성 및 당위성 심사 시스템이 반드시 마련돼야 한다. 아울러 사전 목적과 부합하지 않은 예산 집행이 확인될 경우에는 이에 대한 엄정한 제재와 필요시 형사 처벌까지 가하는 시스템이 갖춰질 필요가 있다.

결국 서울시의원의 자질 중 첫 번째로 요구되는 것이 공적 자원에 대한 책임의식이다. 모든 비용은 '시민의 세금'이라는 기본 인식을 체화해야 한다. 아울러 모든 지출에 대한 공개·검증·감독이 가능한 형태로 기록되고 확인돼야 한다. 시민 혈세를 함부로 사용할 엄두를 내지 못하게끔 강력한 투명성이 보장돼야 할 것이다.

서울시의원 아무나 하나

폭언 및 갑질 논란

폭언과 갑질, 직권남용도 지방의회에서 가장 빈번하게 발생하는 유형 중 하나다. 시민·공무원·의회사무처 직원 등과 같은 약자들이 일상적으로 그 대상으로 노출된다. 서울시의회 역시 예외가 아니다.

『국민일보』 2011년 4월 7일 보도(「"너 같은 건 집어처넣어야" 서울시의원, 이번엔 동장에 막말」)에 따르면 F 서울시의원(당시 56세)이 주민센터(옛 동사무소)장인 동장을 폭언에 가까운 반말로 호통쳐 논란이 일었다. 충격을 받은 동장은 병원 치료를 받았다. F 시의원은 보도 전날 오전 서울 신당동 대로에서 신당4동 주민센터 ***(당시 52세) 동장에게 공직선거법 위반 의혹을 제기하며 큰소리로 꾸짖었다. *** 동장은 오전 8시 35분쯤 지하철 6호선 청구역 3번 출구 앞에서 중구청장 재선거에 〈한나라당〉 후보로 출마한 *** 전 서울시 행정부시장과 수행원 3명을 우연히 만났다. 수행원 중 ***(당시 43세) 씨는 알고 지내는 사이였다. *** 동장은 요구르트 판매원에게서 우유를 산 뒤 거스름돈 대신 요구르트 3개를 *** 씨에게 전해주도록 했다. *** 동장은 "*** 씨가 나를 알아봐 안부 인사까지 주고받았는데 그냥 지나칠 수 없었다"고 설명했다. 근처에서 이 모습을 본 F 시의원은 "야, 너 거기 서"라며 *** 동장을 붙잡고 "네가 요구르트 줬어, 안 줬어"라며 다그쳤다. F 시의원은 또 "나한테는 한 번도 인사 안 하더니 왜 선거운동원한테 90도로 인사하느냐. 선거법 위반인 거 모르느냐"며 "너 같은 건 (경찰) 조사받고 (감방에) 집어처넣어야 한다"고 소리쳤다고 목격자들은 전했다. *** 동장이 주민센터로 가길 권하자, F 시의원은 "빨리 가자"며 그의 등을 손으로 서너 차례 떠밀었다. 이 장면을 본 주민 ***(당시 45세)씨는 "100% 반말이었다"고 말했다.

오전 9시쯤 자신의 신고로 경찰관 4명이 주민센터에 나타나자, F 시의원은 *** 동장에게 "공무원이 선거법을 위반해도 되느냐"며 다시 호통을 쳤다. 주민센터 관계자는 "반말로 하대하는 F 시의원 목소리가 다른 사무실에 있는 직원들에게 들릴 정도로 컸다"며 "한 시간 동안 큰소리가 이어졌다"고 말했다. 경찰은 공직선거법에 위배되지 않는다는 중앙선거관리위원회의 유권해석을 받아 무혐의로 결론지었다. *** 동장은 "큰 충격을 받아 이틀 동안 병원에 다녔다. 사람들 있는 데서 그렇게 모욕을 주다니 생각만 하면

손이 덜덜 떨린다"며 눈물을 흘렸다.

2020년 3월 한 서울시의원이 자신의 비서에게 폭언과 물리적 위협을 가하자 사직한 비서가 언론 인터뷰에서 "책상을 넘어 서류철을 던졌다"고 주장한 사건도 있었다. 해당 시의원은 이를 부인했으나 윤리특위가 '품위유지 위반이 경미하지 않다'며 주의 조치를 의결하고 기사는 삭제된 상태다.

폭언 및 갑질의 가장 흔한 유형으로는 회의 중 공무원을 대상으로 하는 폭언, 비서 및 수행 직원에게 하는 인격 모독성 발언, 직권을 이용한 사적 분쟁 개입, 사무처 직원에게 부당한 업무를 요구하거나 민원 해결을 부탁하는 등이다.

이는 서울시의원이라는 위임받은 권한을 자신의 사적 권력으로 오인해 남용하는 행위다. 공적 권한에 대한 윤리 규범이 없거나 기본적인 인권 존중 의식이 부족한 데서 발현되는 것으로 볼 수 있다. 공직 후보자에 대한 사전 검증이나 유권자들의 세심한 주의가 필요한 부분이다. 정당 공천 과정에서 걸러내거나 선거운동 기간 중 출마자들에 대한 유권자 사이 평판 확인 및 정보 공유 등을 통해 당선을 막는 등의 방법이 필요하다.

출석 저조 및 부실한 의정 활동

서울시의원의 회의 출석은 기본적인 의무다. 상임위원회는 물론 본회의도 마찬가지다. 서울시의원의 고유 권한인 행정감사와 조례 제정 및 개정, 예산·결산 심사 및 승인을 위한 각종 회의는 자신을 뽑아준 지역 주민을 대표하고 의견을 반영하기 위해 시의원이 기꺼이 감당해야 할 기본적인 권리이자 의무이다. 이는 국회와 지방의회를 막론하고 선출직 공무원의 책무 중의 으뜸이다. 그래서 의원의 회의 출석 현황은 시민들이 의정활동을 평가하는 데 기본이자 중요한 자료이다.

'서울특별시의회 의원 윤리 강령 및 윤리 실천 규범 조례'가 의원의 의무 중 하나로 '회의 출석 의무'를 정하고 있는 이유이기도 하다. 만약 부득이한 사정으로 회의에 출석하지 못할 경우 '서울특별시의회 기본 조례'에서 정한 대로 불출석 이유와 기간을 기재

서울시의원 아무나 하나

한 청가 및 결석계를 의장(또는 위원장)에게 제출해야 한다. 이는 의원이 회기 중 정당한 이유 없이 회의에 불참해 의정활동에 지장을 주지 않기 위한 조치이다.

지난 2022년 7월에 임기를 시작한 11대 서울시의회 의원 112명 중 임기 1년도 채 되지 않은 다음 해 2월까지 8개월여 동안 본회의 및 상임위원회에 결석한 이력이 있는 의원은 47명이다. 전체 의원의 42.5%에 달하는 수다. 이들이 청가 및 결석계를 낸 건수는 총 92건이다.

정보 공개를 통해 행정 및 의정 감시 활동을 하는 시민단체 투명사회를위한정보공개센터는 2022년 12월 2일 그해 11월 1개월 동안 서울시의원이 제출한 92건의 청가 및 결석계에 대해 정보공개청구를 했다. 시민들은 자신이 선출한 지역구 시의원이 회의에 출석하는지, 불출석했다면 그 사유는 정당한지 직접 확인하고 판단할 수 있어야 하기 때문이다.

하지만 서울시는 해당 정보가 서울시의원의 '인사관리에 관한 사항'이라며 공개를 거부했다. 서울시의원은 보통의 공직자와 같은 보편적인 인사관리 대상이 아니다. 서울시의원은 유권자인 각 지역 시민의 투표로 선출된다. 부득이하게 징계받는 경우 의회 의결로 결정된다. 의원의 결석 사유가 공개된다 해도 인사 업무에 미치는 영향이 없다는 의미다.

이에 정보공개센터는 이듬해 3월 6일 서울행정법원에 서울시를 상대로 '서울특별시의회 의원의 청가 및 결석 현황' 비공개 취소 소송을 제기했다. 시민이 마땅히 알아야 할 정보이기 때문이다. 더욱이 이 정보는 이미 공개된 사례가 있기도 하다.

대전시와 대구시는 시의원의 회기별 불출석 의원 명단과 불출석 사유를 공개하고 있다. 서울시 구로구와 서대문구도 마찬가지다. 구로구의 경우 의원이 제출한 청가서와 결석계 원본을 전부 공개하기도 했다.

다른 곳들이 의원의 회의 불출석 내용을 공개한 이유는 간단하다. 이 정보를 시민에게 공개하지 않을 아무런 이유가 없기 때문이다. 정보공개법은 공공기관이 보유하는 모든 정보는 일부 예외적인 경우를 제외하고는 공개가 원칙이다. 행여 민감한 내용이 포함되어 있다고 해도 이 정보의 성격상 행정·의정의 책임성과 투명성을 담보하기 위해 공개의 필요성이 더 크기 때문이다. 주민의 당연한 알 권리이자 다음 선거에서 누구에게 투표할지를 정하는 중요한 기준이 될 수 있다.

서울시와 서울시의회에 대한 감시와 견제를 통해 시민 주권을 견인하는 활동을 하는 '서울와치'는 지난 2023년 2월 '2022년 서울특별시의회 행정사무 감사-시민 의정 감시단 평가 보고서'를 발표했다. 시민들과 함께 의원의 의정활동을 평가하고 개선점을 제안한 것이다.

보고서에서 '서울와치'는 서울시의회가 의원별·회의별 출석 및 불출석 사유를 당일에 공개해야 한다고 요구했다. 더불어 회의 기록의 원본 공개, 속기록의 신속 공개, 감사 지적 사항 개선 현황을 공개하는 시스템 마련이 필요하다고 지적했다. 이는 시민의 알 권리를 충족하고 시민이 지방의원의 주민 대표성을 확인할 수 있도록 하기 위한 것이다.

〈2022년 서울특별시 행정 사무감사 시민의정 감시단 활동 자료집 일부〉

" 더 이상 못 봐줄 만한 상식 이하 수준의 시의원들을 보며 차라리 모르고 지나갔으면 더 나을 뻔했을 수도... 수준 이하의 의원들을 평가하기 위해 시간 내서 질의 응답 구간 찾고 질의내용 기술해야 하는 점들은 정말 시간이 아깝고 고문과 같은... 전혀 즐겁지 못한 상황이었습니다. 동영상 볼 때마다 정신과 치료를 받아야 할 정도로 하기 싫었고 시간도 너무나 아까웠습니다. 두 번 다시는 하기 싫을 정도로 ...."

(한 평가단의 소감문 중)

서울Watch[1]는 '2022년 서울특별시의회 행정사무감사'를 맞아 공개 모집한 서울시민 138명으로 〈시민의정감시단〉을 구성하였으며, 2022.11월부터 2023.1까지 서울시의회 10개 상임위원회(운영위원회 제외) 소속 의원 112명 중 101명[2]의 의정활동을 평가·분석하였습니다.

2022 서울특별시의회 행정사무감사 평점은 48.5점으로 낙제, 우수등급 시의원 17명

서울시민의 눈으로 평가한 2002년도 서울특별시의원들의 행정사무감사 점수는 9.7점(20점 만점기준, 100점 환산 시 48.5점)입니다. 이는 과반에도 미치지 못한 평가 점수입니다. 평가대상 총101명의 전체 시의원 중 높은 점수를 받은 우수등급 시의원은 16.8%(17명)[3]으로 평균 점수는 12.9점입니다.

'서울와치'는 보고서에서 몇 가지 개선 방향을 제안했다.

첫째, 시민의 의정활동평가는 48.7점으로 낙제점을 받아들었다. 통렬히 반성하고 행정 감사 수준을 높이기 위한 특단의 대책을 강구하고 공개하며 실행해야 한다고 지적했다.

둘째, 서울시 특별시의회가 회의 기록 원본이 아니라 의원들의 문제가 될 발언들을 자의적으로 삭제해 공개하는 것은 시민의 알 권리를 명백히 침해하는 행위이기 때문에 모든 회의 기록을 가공하지 않은 원본으로 신속하게 공개해야 한다고 요구했다.

셋째, 서울시의회 위원회는 의원별·회의별 출석 현황 및 불출석 사유를 당일에 공개해야 한다고 밝혔다. '서울와치'는 "행정사무감사는 서울특별시의회에 법적으로 부여된 권한으로 주민의 대표로 서울 시정을 견제·감시하는 의정활동이기 때문에 시의원의 기본적 책무는 회의에 성실하게 출석하는 것"이라며 "시의회는 이번 행정사무감사 기간 의원별·회의별 출석 정보를 공개하지 않고 있었다"고 지적했다.

마지막으로 시의회의 지적 사항이 서울시정에 어떻게 반영되고 개선됐는지를 일상적으로 확인할 수 있는 시스템을 마련해야 한다고 밝혔다.

회의 출석률이 저조하거나, 상임위나 본회의에서 질의 한번 제대로 하지 않거나, 발의한 조례 건수가 적은 서울시의원들이 재선, 3선을 하는 경우를 어떻게 받아들여야 할까. 특별한 사고나

서울시의원 아무나 하나

물의를 일으키지 않으면서 특정 정당 우세 지역에서 계속해서 공천만 받으면 당선되고 특권을 유지하는 것은 지역 주민을 위해서나, 풀뿌리 민주주의를 위해서나 매우 슬프고 개탄스러운 일이다. 무능한 의원은 조용히 시민의 혈세와 시간을 낭비하고 있다. 그리고 그러한 무능은 선거에서 거의 검증되지 않는다. 이 악순환의 고리를 이제는 끊어야 할 때가 되지 않았는가.

최악의 부패… 돈 공천 문제

정치의 썩은 냄새가 다시 서울 한복판에서 진동하고 있다. 김경 (실명으로 적는다) 서울시의원이 강선우 지역구 국회의원(강서)에게 공천 대가로 1억 원을 전달했다는 의혹이 보도되고 경찰의 수사 가 이어지면서 새로운 사실들이 속속 드러나며 시민들은 절망과 분노를 넘어 경악을 금치 못하고 있다.

'정치가 달라졌다'는 구호가 공허한 메아리로 들리는 이유다. 당사자들은 일제히 사실을 부인하고 있지만 김경 시의원은 돈을 줬다는 사실을 시인했다. '돈 공천'이라는 말을 다시 입에 올려야 하는 현실 자체가 정치의 실패이고 한국 민주주의의 부끄러운 민낯이 까발려진 것이다. 빙산의 일각이라는 지적도 여기저기서 나온다.

정치의 본질은 봉사다. 그러나 지금 한국의 정치판은 희생보다 거래 냄새가 더 짙다. 지방선거는 주민의 삶과 뜻과 마음을 헤아리기보다 공천권을 쥔 자에게 돈으로, 몸으로 줄을 대는 과정으로 전락했고, 유권자의 눈보다 정치권 내부의 이해관계가 우선하고 있음을 이번 공천 헌금 파문은 증명한다.

특히 지방의회는 중앙정치의 그림자 속에서 감시의 사각지대로 남아 있었다. 시의원 자리를 놓고 부패와 비리 사슬이 얽혀 있는 민낯이 그대로 드러났다. 결국 문제는 개인이 아니라 제도이며 제도가 아니라 정치를 운영하는 문화 자체다. 휴먼 에러와 시스템 에러가 얽히고 설켰다.

'공천 헌금'이라는 단어는 민주주의의 뿌리를 갉아 먹는 독이다. 돈으로 공천이 거래되고 그 공천으로 권력이 이어진다면 유권자의 표는 이미 무가치한 종이 쪼가리로 전락한다. 시민이 낸 세금으로 정치가 운영되는 나라에서 정치인들이 사적 이익을 위해 그 시스템을 악용한다면 그것은 단순한 부패가 아니라 민주주의에 대한 배신이자 파괴 행위다.

'구청장 3억 원, 시의원 1억 원, 구의원 5,000만 원'이 정설이라는 말도 언론에 버젓이 보도된다. 정치권은 "법적 책임이 드러나지 않았다"는 말로 치부해서는 안 된다. 정치를 직업으로 삼는 사람이라면 최소한의 윤리적, 도덕적 자격을 갖추는 게 기본이지만 현실은 그렇지 않다. 권력 사유화, 공천권 독점, 자금 불투명성 이 세 가지가 맞물려 돌아가는 한 한국의 정치 발전은 물론 풀뿌리 민주주의는 한 걸음도 전진할 수 없다.

정치인은 국민에게 검증받고 봉사해야 할 공복이지 무얼 주고 받기 위한 거래의 주체가 아니다. 공천은 헌금으로 살 수 있는 '상품'이 아니다. 정치에서 돈의 냄새가 사라지지 않는 한 그 어떤 누구도 정치 혁신을 말할 자격은 없다. 이번 의혹은 단순한 스캔들이 아니라 부패한 정치 문화를 고쳐야 한다는 국민의 준엄한 경고로 받아들여야 한다. 정치가 다시 신뢰를 얻는 길은 단 하나, 돈이 아니라 자질과 실력, 역량으로 평가받는 공천문화가 자리 잡아야 한다.

지난해 말에는 사업 편의 대가로 4억 원의 뇌물을 받은 서울시 의원이 구속되는 사건도 발생했다. 언론보도(『경향신문』 2025.11.25.)에 따르면 경기남부경찰청 반부패·경제범죄수사대는 사업 편의 대가로 뇌물을 받은 혐의로 서울시의회 〈국민의힘〉 소속 서울시의원 G씨 등 3명을 구속했다. 구속된 G씨와 브로커 역할을 한 2명은 2022년 말부터 약 1년간 서울 지역 교육 기자재 등의 납품 편의를 봐주기 위해 관련 예산을 편성해주는 대가로 복수 업체로부터 4억 원가량을 받은 혐의를 받고 있다. 경찰 측은 "G씨 등이 사업 편의를 봐주는 대가로 리베이트를 요구했고 해당 업체에서 응한 사건"이라며 "돈을 준 업체 등을 상대로 수사를 이어가고 있는 상황"이라고 전했다.

지난 2021년에는 유권자로부터 금품을 수수한 혐의로 재판에 넘겨진 H 서울시의원이 1심에서 당선 무효형에 해당하는 징역형의 집행 유예를 선고받았다. H 시의원은 2018년 2월 지역구인 성동구 유권자이자 건축업자로부터 1,000만원을 받는 등 총 2,000만원을 수수한 혐의를 받아 재판에 넘겨졌다.

H 시의원 측 변호인은 당시 열린 결심 공판에서 "지난 15년 동안 구의원·시의원으로 재직하며 물의를 일으키지 않고 성실히 봉사하며 살았다"며 "이 사건으로 인해 공직에서 불명예스럽게 퇴임해야 하는 상황이 돼 부끄럽고 죄송하게 생각하고 있다"며 선처를 요구하기도 했다. 당시 H 시의원도 "잘못된 판단으로 심려를 끼쳐 죄송하다. 깊이 반성하고 있다"고 밝혔다.

이 판결은 확정 시 의원직 상실에 해당하는 중대한 범죄로 지방의원 선거에서 유권자 대상 금품 제공·수수 행위가 민주주의 근간을 훼손하는 중대 범죄라는 점을 다시 한번 확인한 사례로 평가된다.

돈을 주고 공천받은 것으로 보도된 김경 전 시의원이 시의회 권한을 활용해 서울시의 각종 사업을 따냈다는 의혹도 충격을 준다. 『한겨레신문』 보도(「김경 '문어발' 가족 회사 최소 11곳…서울시 위탁운영도 여전」, 2026.2.2.)에 따르면 김경 전 시의원의 '가족 회사'가 수의계약 형태로 서울시 사업을 여럿 따낸 사실이 드러난 가운데 김 전 시의원과 연관된 것으로 추정되는 기업과 재단이 최소 11곳에 이르는 것으로 파악됐다. 『한겨레신문』이 법인 등기부등본 등으로 확인한 결과를 보면, 김 전 시의원 또는 가족과 연관된 업체로는 지역 복지를 명분으로 설립된 재단 3곳과 부동산 시행사·시공사, 교육 컨설팅, 여론조사 등 다양한 업종의 기업 8곳이 있었다. 이들 업체는 주소지가 같거나 이사진 등이 겹쳐 사실상 김 전 시의원 쪽이 운영한 재단·기업으로 추정된다고 『한겨레신문』이 보도했다. 해당 보도 댓글에는 "이권을 노리고 시의원 도전했네. 법인을 여러 개 만들어서 수의계약을 다 해 먹으려고 수작을 부린 것"이라는 비난이 달렸다.

그렇다. 서울시의원이라는 자리를 사리사욕을 채우기 위한 수단과 도구로 활용한 것이다. 공천 대가로 돈을 건네 시의원에 당선된 이후 권한을 활용해 그 이상의 이윤을 챙기려고 했다는 것이다. 이것이야말로 정치 비즈니스가 아니고 뭐란 말인가. 이런 과정에서 시민이 설 자리는 과연 얼마나 있을 것인가. 돈을 대가로 이뤄지는 공천 장사는 최악의 부패 범죄 사건이다. 이를 뿌리 뽑지 않고서는 주민의 복리를 증진시키기 위한 지역 정치, 정상적인 풀뿌리 민주주의가 설 자리는 없다.

서울시의원 아무나 하나

자질·역량 논란의 원인

　서울시의원들의 자질 논란은 개인의 일탈로만 치부하기에는 설명이 부족하다. 김경 서울시의원의 돈 공천 문제에서 증명됐듯 공천 과정에서 해당 출마 후보의 자질과 도덕성, 실력과 역량에 대한 검증 없이 금품을 매개로 공천이 이뤄졌다는 것은 현행 공천 제도에 커다란 구멍이 뚫려 있다는 것을 시사한다.

　물론 정당별로 선거 때마다 공천심사위원회를 구성해 출마자들에 대한 온갖 검증을 거치고 인터뷰도 실시한다. 그러나 그런 과정이 하나의 요식행위로 끝나고 마는 것은 매우 심각한 문제다. 더구나 공천심사 과정이나 공천심사 결과 자료는 철저히 비공개돼 문제가 될 때마다 밀실·야합 공천이라는 비난에서 자유롭지 못하다. 결국 공천 관리 전 과정의 폐쇄성이 공천 부패 및 비리를 낳는 온상이 된다는 점에서 모든 과정을 명명백백하게 투명하게 공개할 수 있도록 제도화할 필요가 있다.

실제로 필자가 겪은 사례를 보면 2022년 서울의 한 지역에 출마한 *** 후보는 평소 지역 정치 아카데미 강의를 수강하면서 해당 지역 국회의원이 모든 선거는 경선을 치러야 한다고 강조했고, 약속했다. 평범한 회사원이었던 이 후보는 국회의원의 말만 믿고 그해 서울시의원에 출마했다. 당시 예비후보로 등록한 정당의 후보는 이 후보를 포함해 총 4명이었다. 이들 중 1명이 단수 공천을 받든 2인 또는 3인, 4인 경선을 치르는 것이 정상적인 과정이었다. 이들은 서울시당 공천심사위원회 면접 심사도 거쳤다. 그러나 4명 모두 탈락! 경선은 없었다. 그러고는 구의원 예비후보로 등록했던 인사가 단수 공천을 받았다. 해당 후보는 심한 배신감을 느꼈고 다시는 정치권을 넘볼 생각을 접었다. 당시 한 후보의 남편은 "당시 지역구 국회의원에게 돈을 줬으면 공천받지 않았겠냐"며 자조했다. 필자는 김경 서울시의원 돈 공천 파문이 발생한 이후 페이스북에 다음과 같은 글을 올렸다.

'돈 공천' 사건은 백주 대낮에 벌어진 강도사기 사건과도 같습니다. 주권자인 주민들을 속여 강제로 표를 빼앗은 것이기 때문입니다. 민의를 왜곡하는 것은 물론 무자격, 무능력자가 주민을 대표한답시고 공익보다 사익을 추구할 수밖에 없게 됩니다. 본인과 가족, 그리고 공천을 준 지역구 국회의원(지역위원장)을 위해 공적 자원을 허비하게 됩니다. 그 피해는 전적으로 지역 주민들에게 돌아옵니다. 〈조국혁신당〉의) '돈 공천' 추방, 중대선거구제 도입, 무투표 당선제 폐

　　　　　　　　　　　서울시의원 아무나 하나

지에 적극 찬성합니다. 아울러 〈민주당〉과 〈국민의힘〉 둘 중 하나를 택하지 않으면 죽은 표가 된다는 '사표 협박'도 근절돼야 합니다. 시민이 행사하는 모든 표가 살아 숨 쉬게 하는 진정한 선거 민주주의를 이뤄내야 합니다.

이에 〈조국혁신당〉은 '지방 정치 혁신' 기자회견을 갖고 '돈 공천 금지를 위한 4대 입법 발의' 등을 주장했다.

〈조국혁신당 지방 정치 혁신 기자회견〉

조국혁신당이 왜 "국힘 제로, 부패 제로"를 외칠 수밖에 없는지, 우리는 매일 같이 쏟아지는 기사로 확인하고 있습니다. 공천 헌금 사건이 정치권에 다시 등장한 이상 국민 눈높이에서 과하다고 평가할 때까지 혁신해야 합니다.

먼저, 조국혁신당 돈 공천 신고센터를 설치합니다. 앞으로 다가올 혁신당의 지방선거 공천에 '돈'이 끼어들 틈이 없도록 철저하게 배척하겠습니다.

조국혁신당은 더불어민주당, 국민의힘에 '돈 공천' 추방을 위한 4대 입법 과제를 제안합니다.

첫째, 정당의 후보자 추천과 관련하여 금품을 받거나 제공한 자는 영원히 퇴출해야 합니다. 「공직선거법」 상의 피선거권 규정을 개정하여 향후 20년간 그 어떤 공직도 맡을 수 없도록 피선거권을 박탈합시다.

둘째, 「공직선거법」상의 매수 및 이해 유도죄 벌칙 조항을 개정하여 징역형 상한을 획기적으로 상향하고 범죄 수익 추징에 더해 '징벌적 벌금형'을 추가로 부과할 수 있도록 개정을 추진합시다. 공천에 돈이 끼어들면 패가망신한다는 원칙을 분명히 세워야 합니다.

셋째, 공천한 정당에도 책임을 물어야 합니다. 공천은 정당 책임하에 이루어져야 함에도 관리·감독을 소홀히 한 정당에는 「정치자금법」 제29조(보조금의 감액)를 개정하여 국고보조금 삭감이라는 실질적 제재를 가해야 합니다.

넷째, 부정한 금품 수수 공천으로 재보궐선거가 발생한 경우 해당 정당은 후보자 추천 자체를 금지하도록 「공직선거법」 제47조(정당의 후보자 추천)를 개정하여 법제화해야 합니다. 그래야만 책임 있는 공천, 깨끗한 공천이 가능해집니다.

이와 같은 4대 입법제안은 긴급한 응급 조치입니다. 신속하게 처리해야 다가올 지방선거에서 돈 공천을 막을 수 있습니다. 더불어 근본적인 문제도 함께 진단하고 치료해야 합니다.

양당 나눠 먹기식의 소선거구제와 국민의 직접 선택도 없이 정당 공천만으로 당선되는 무투표 당선 제도가 돈 공천을 가능하게 하는 근본적인 원인입니다.

중대선거구제 도입을 통한 제3당의 지방의회 진출은 기득권의 고착화를 깨고 권력의 견제 장치로 작동할 것입니다. 물이 고이면 '부패'한다는 것은 만고불변의 진리입니다. 고인 지방정치에 물길을 트는 중대선거구제 도입에 민주당과 〈국민의힘〉은 응답해야 합니다.

더불어 '공천 장사'를 가능하게 하는 제도가 '무투표 당선 제도'입니다. 2022년 제8회 전국 동시 지방선에서 국민으로부터 단 한 표도 받지 않고 시장, 군수, 구청장, 도의원, 시의원이 된 사람이 무려 489명입니다. '공천이 곧 당선'이라는 공식이 작동되면 공직자는 '국민' 아닌 '공천해 주는 사람'을 향하게 됩니다.

비록 단독 입후보했더라도 해당 선거구 국민의 찬반 투표를 통해 의사를 확인할 수 있는 장치가 반드시 도입되어야 합니다.

서울시의원 아무나 하나

연초부터 정치권에 '돈 공천'이라는 핵폭탄급 사건이 터졌음에도 거대 기득권 정당은 비대화된 공천 권력을 내려놓지 못하고 그나마 있던 중대선거구도 2인 선거구로 쪼개 너 하나, 나 하나 나눠 먹기식 개편을 추진하려는 움직임이 포착되고 있습니다.

이런 와중에도 선거구 쪼개기를 하려는 시도는 이번 지방선거에서도 '공천 장사'를 하겠다는 선언이 아니고 무엇이겠습니까. '공천 장사'를 할 생각이 없다면 말보다 행동으로 보여주십시오.

조국혁신당이 제안하는 4대 입법제안과 중대선거구제 도입, 무투표 당선 원천 차단법에 대한 신속한 동참을 강력하게 촉구합니다.

돈 공천이 가능한 구조를 아예 차단하기 위해 강력하고도 실질적인 처벌과 손해를 감수할 수 있도록 제도화하는 것이 핵심이다. 징벌적 손해배상제와도 같은 처벌 근거를 만들지 않고서는 이같은 부패 비리의 뿌리를 뽑기는 힘들다. 정당에만 맡겨서 될 일이 아니다. 대중요법식, 응기응변식으로 넘어가면 공천 장사는 또다시 고개를 들 수밖에 없다.

그러나 돈 공천만이 문제가 아니다. 지방의원은 지역구 국회의원의 몸종, 머슴이 되지 않고는 공천받을 수 없다는 증언도 나온 적 있다. 2018년 5월 6일 『조선일보』 보도(「전직 도(道)의원의 고백 "나는 국회의원 몸종이었다"」)를 보면 정말 헛웃음이 절로 나온다. 보도에 따르면 지난 1991년 지방자치 부활과 함께 정치를 시작해 호남 지역 광역도 의회에서 다선 의원을 지낸 60대 김 모 씨는 "국회의원은 새벽 1시에 전화를 해도 달려나오는 사람에게 공천을 준다"며 "자연히 지방의원은 눈에 쌍심지를 켜고 24시간 대기조가 된다"고 증언했다. 김 씨는 지난 2010년을 끝으로 지방의원 생활을 접었다.

김 씨가 경험한 국회의원의 갑(甲)질은 다양한 형태로 이뤄졌다.

▲ 국회의원이 지역에서 의정 보고를 하거나 서울에서 전당대회를 할 때 경비 보조 및 인원 동원
▲ 회기 중인데도 선거운동 투입
▲ 지역 민원 대신 해결
▲ 광역의회 의장, 부의장에게 본인이 원하는 사람이 당선되도록 명령

김 씨는 "지방의원 공천은 완전히 국회의원이 좌지우지한다고 보면 된다"며 "겉으로 보기엔 경선한다는 둥 핑계를 대지만 어떻게든 명분을 갖다 붙여 결과적으로 자기 입맛대로 한다"고 했다. 이런 행태 때문에 지방자치의 본래 뜻이 퇴색되고 있다고 김 씨는 지적했다. 그는 "진짜 지역 일꾼을 뽑아야 하는데 어느새 지방의원이 국회의원이 고용한 직장인이 됐다"고 토로했다.

한마디로 '돈 공천'에 이어 '몸 공천'이라 할 만하다. 지방의원은 그 지역 국회의원의 부하다. 좀 심하게 말하면 머슴이고 노비다. 국회의원은 한 마디로 '군림'하는 존재다. 내 개인의 인지도와 무

서울시의원 아무나 하나

관하게 정당 프리미엄이 있기 때문에 공천받아야 당선되는 상황에서 국회의원의 공천권은 권력이 된다. 처음 지방자치가 부활할 때까지만 해도 국회의원이 지역에 내려오면 직접 밥도 사고 사람도 만나고 했는데 지금은 지방의원이 역으로 마중 나가고, 밥 먹으러 가면 서로 돈을 못 내 눈이 뒤집힌다는 증언이다.

결국 지방선거에서 공천받기 위해서는 공천권을 쥔 국회의원에게 충성을 다할 수밖에 없다. 국회의원은 그렇게 공천해 주고 당선된 지방의원을 '머슴'으로 여기면서 차기 재선을 위해 지역구 관리, 조직관리, 당원 관리, 지역 민원 등 온갖 잡다한 일을 그에게 맡긴다.

지역 주민을 대표한다는 명분을 내걸고 선거에 출마하고, 당선되면 지역 주민들의 복리 증진을 위해 의정활동을 해도 모자랄 판에 지방의원의 공적 역할은 사라지고 국회의원 개인의 직원이 되고 만다. 그 피해는 고스란히 주민들에게 되돌아온다. 국회의원 가정사의 사적인 심부름까지 해야 하는 경우도 부지기수다.

결국 지방의원 자질 논란의 문제는 선거제도와 공천 시스템을 바꾸지 않으면 해결하기 힘들다는 결론이 나온다. 특히 '공천이 곧 당선'이 되는 특정 정당 강세 및 우세 지역에서는 돈 공천, 몸 공천이 계속될 수밖에 없다.

소선거구제에서 중대선거구제로 제도를 바꾸는 것이 중요하다. 이는 유권자들에게 선택권을 확대해 주는 것은 물론 최선은 아니더라도 차선의 후보를 뽑고, 최악의 후보를 걸러내는 필터 역할을 할 수 있다. 우리나라 정치가 양당제 구조에서 다당제 구조로 하루빨리 변해야 하는 이유이기도 하다. 우리나라 기업과 문화가 세계 일류의 반열에 올랐지만, 하류 수준에 머물러 있는 정치 문화를 바꾸지 않으면 급기야 국가 경쟁력까지 갉아먹을 수 있는 심각한 사안이다. 중대선거구제를 도입하는 경우에도 한 정당의 후보 수를 제한해야 한다. 특정 정당 우세 지역에서 해당 정당이 다수의 후보를 낼 경우 제3당 당선 가능성은 크게 줄어든다. 위헌 시비가 없지 않지만 이렇게 하지 않으면 중대선거구제 도입 취지도 퇴색될 수밖에 없다. 어떤 것이 더 공적 가치가 높은지를 따지면 답은 쉽게 나온다.

아울러 전국 정당이 아니고는 정당을 만들 수 없는 정당법 개정도 시급하다. 현행 정당법은 전국 단위의 정당만이 지방선거 후보자를 추천할 수 있게 돼 있다. 후보자 추천의 주체를 '정당'으로 명시해 정치단체 같은 정당이 아닌 결사체는 후보자 추천을 할 수 없다. 또 정당은 "수도에 소재하는 중앙당과 특별시·광역시·도에 소재하는 시도당으로 구성한다"고 규정돼 있다. 중앙당이 수도에 위치하지 않는 지역정당은 허용되지 않는 것이다. 전국 단위 정당에 지방선거 후보자 추천권을 독점적으로 부여해 놓았다.

지역의 문제는 지역이 알아서 해결할 수 있도록 지역정당을 자유롭게 창당하고 활동할 수 있는 토대를 만들어야 한다. 그래야

서울시의원 아무나 하나

주민자치도 활성화할 수 있고 제대로 일할 사람에 의한 지역 발전, 행정 혁신을 도모할 수 있다.

후보자 공천을 전국 정당이 독점할 게 아니라 지역사회의 공개 경쟁으로 바꿔야 한다. 구체적으로 정당 공천을 전면 폐지하자는 의견과 정당 공천 체제는 유지하되 지역정당과 지역단체가 공천할 수 있게 해야 한다는 의견으로 나뉜다.

폐지 의견을 갖고 있는 김해원 부산대 법학전문대학원 교수는 "정당 공천은 헌법정신에 부합하지 않는다"고 지적한다. 헌법은 국민과 주민을 구분하고 있고, 지방선거는 국민이 아니라 주민의 정치적 의사 형성을 위한 절차이기 때문에 정당이 공천하는 것은 맞지 않는다는 것이다. 김 교수는 "정당은 본질적으로 국민 전체의 정치적 의사 형성을 위한 기구라 국가 과제를 주목하고 있는데, 이들의 공천 없이는 지역 주민의 대표가 될 수 없도록 하는 구조는 지역을 중앙정치에 예속시키는 것"이라며 "중앙 권력과 지방 권력 간의 견제와 감시도 이뤄지지 않고, 지방은 중앙의 위장 기관이 돼버린다"고 지적했다. (「거대 양당이 독점한 공천권, '김병기 사태' 불렀다」, 『경향신문』 2026.1.18.)

김 교수는 이어 "국가 차원의 정치는 일반성과 통일성을 추구하지만, 지방자치는 기본적으로 다양성을 추구하는 정치"라며 "지방자치단체 차원에서 역사성, 공간의 특성 등을 고려해 정책을 만드는 자치권이 확보돼야 하는데 이를 정당 공천제가 방해하면서 지방자치를 엉망진창으로 만들고 있다"고 주장했다.

공익감시시민연대는 2026년 1월 10일부터 지방선거에서 정당 공천을 폐지하라는 내용의 시민 서명운동을 하고 있다. 이 단체는 "김병기·강선우 의원의 공천 비리 혐의는 빙산의 일각이며 구조적 문제가 심각함을 보여준 대표적 사례"라며 "이제 중앙정치의 하수인이 아닌 진정한 지역 일꾼을 세워야 한다"고 밝혔다.

헌법재판소가 2023년 9월 전국 정당만을 허용하는 정당법에 합헌 결정을 하면서도 재판관 5명이 위헌 의견을 낸 것은 향후 지방선거 제도 변화의 가능성을 보여준다. 위헌 결정을 위한 정족수(6명)에 단 1명이 부족했다. 재판관 3명은 "거대 양당에 의해 정치가 이뤄지는 현실에서 전국 정당 조항은 지역정당이나 군소정당, 신생정당이 정치 영역에 진입할 수 없도록 높은 장벽을 세우고 있다"며 "각 지역 현안에 대한 정치적 의사를 적극적으로 반영할 수 있는 정당의 출현을 배제해 풀뿌리 민주주의를 차단할 위험이 있다"고 했다. 윤석열 전 대통령 파면을 선고한 문형배 재판관(당시 헌재 소장 대행)도 같은 의견이었다.

다른 재판관 2명은 "'국민의 정치적 의사 형성에의 참여'라는 정당의 핵심적 기능을 수행하기 위해 반드시 전국 규모의 조직이 필요하다고 볼 수 없다"며 "지역정당 배제는 지방정치를 중앙정치에 종속시켜 지방정치의 활성화를 억지할 우려가 있다"는 의견을 밝혔다.

서울시의원 아무나 하나

서울시의원의 자질과 역량

　지방의회는 시민의 삶과 가장 가까운 위치에서 때로는 시민의 삶을 결정지을 수 있는 중요한 공적 권한을 행사한다. 예산 편성, 복지·교통 정책, 지역 기반 시설 결정과 같은 일상적 의사결정은 중앙정치보다 지방의회에서 수시로 이루어진다. 그렇기에 지방의회의 자질과 능력, 그리고 윤리적 기준은 시민의 삶의 질과 직결된다고 볼 수 있다.

　가장 기본적으로 요구되는 자질은 인권 존중 의식과 윤리적, 도덕적 성품이다. 젠더 폭력과 관련한 시의원의 발언에서 드러나듯 윤리적 성찰과 인권 감수성이 부족한 의원에게서 주민을 존중하고 진심으로 대변할 수 있는 역할을 기대하기 힘들다.

　이와 함께 정책 전문성을 갖춰야 한다. 지방자치단체의 조례나 예산, 행정감사를 제대로 할 수 있는 경험과 역량을 갖췄는지 해당 정당이 일차적으로 판단해야 한다. 그리고 무엇보다 유권자들이 후보 한 명, 한 명을 세심하게 검토하고 판단해야 한다. 경험은 갖췄는지, 과거 전과기록은 없는지, 세금은 잘 냈는지, 전문성은 갖췄는지 등을 따져보고 뽑아야 한다. 유권자 자신이 지지하는 정당, 그동안 관행적으로 표를 찍어준 정당 후보에 줄투표식으로 하는 것이 아닌 진정으로 주민을 대변할 수 있는 공적 책임을 갖고 있는지, 전문성은 어느 정도 확보하고 있는지를 잘 살펴보고 주권을 행사해야 한다.

아울러 지방의원으로 활동하게 되는 경우 회의 출석 사항을 포함해 자신의 모든 의정활동을 투명하게 공개하고 설명할 줄 아는 책임성을 갖춰야 한다. 지방의회도 이같은 투명한 정보공개를 위한 제도와 시스템을 마련해 시민들 모두가 원할 때 언제 어디서든 쉽고 편리하게 확인할 수 있는 알 권리 보장 시스템을 구축해야 한다.

이와 함께 소통과 공감 능력도 중요하다. 약자의 처지에 공감하고 억울한 일을 당한 주민과 함께 그 억울함을 해결하기 위해 안간힘을 쓸 줄 아는 공감 능력이 필요하다. 지방의원은 자기 자신과 가족이 잘 먹고 잘살기 위해 정치를 하는 것이 아니다. 해당 지역 주민들의 삶을 지금보다 조금이라도 낫게 향상시키기 위해, 한마디로 주민 복리를 증진시키기 위해 주민들이 내는 세금을 의정 활동비 명목으로 받으면서 일하는 선출직 공직자다. 이재명

서울시의원 아무나 하나

대통령도 말했다. 공무원들은 퇴근도 없이 24시간 국민들을 위해 일해야 한다고. 맞는 말이다. 지방의원도 마찬가지다.

이 기준은 단순한 이상향을 언급한 것이 아니다. 서울시와 시민이 서울시의원에게 요구해 온 최소한의 수준이다. 이 수준을 맞추지 못한다면, 그리고 이를 충족할 자신이 없다면 출마해서는 안 된다. 희생과 봉사의 정신을 갖고 일한다고 해도 실수할 수는 있다. 이 경우 자기 혁신을 하고 개선하면 된다. 그럴 자세와 준비가 돼 있지 않다면 출마를 다시 검토해야 한다. 정치는 공적인 자리이기에 공익을 위한 자리다. 공공성이 담보되지 않으면 그에 맞는 역할을 감당할 수 없다. 서울시의원으로서 그 위상과 역할, 주민들의 요구에 걸맞은 자질과 역량을 갖추지 못한다면 그야말로 민폐다.

대한민국 수도인 서울특별시는 인구 940만 명, 연간(2026년 기준) 예산 규모 약 60조 원(서울시와 서울시교육청 포함)에 달하는 거대한 메가시티다. 따라서 서울시의원은 단순히 지역구를 대표하는 정치인을 넘어 국가 예산에 비견되는 재원을 감시하고 1천만 명에 가까운 시민의 삶의 질을 결정하는 도시 기획자이자 입법자의 역량을 갖춰야 한다. 서울시의원에게 요구되는 역량은 단순한 열정만으로는 부족하며 고도의 전문 지식과 윤리적 결단력, 그리고 정무적 감각이 유기적으로 결합할 필요가 있다. 아래 몇 가지 필요한 자질과 역량을 핵심 내용 위주로 제시해 본다.

철학적 기반과 공직 윤리 : 신뢰받는 대의정치의 근간

서울시의원이 갖춰야 할 첫 번째 자질은 확고한 공직 윤리와 공복(公僕) 의식이다. 이는 역량의 기술적인 측면을 뒷받침하는 뿌리와도 같다.

이를 위해 필요한 자질·역량은 첫째 높은 청렴성과 윤리적 결단력이다. 서울시의원은 도시계획 변경, 대규모 토목 사업, 각종 인허가 과정에서 막대한 영향력을 행사한다. 「지방의회 의원 역할 및 역량 탐색 연구」(김인숙·서윤기, 2023)에 따르면 지방의원의 전문성이 아무리 뛰어나도 윤리적 청렴성이 담보되지 않으면 그 정책은 시민의 수용성을 확보할 수 없다. 특히 '이해충돌 방지'에 대한 철저한 자기 절제는 거대 자본과 권력이 밀집된 서울에서 의원이 반드시 지켜야 할 최후의 보루와도 같은 자질이다.

둘째는 시민 지향적 감수성과 공감 능력이다. 서울은 현재 소득 격차와 주거 불안정 등 양극화가 극심하게 나타나고 있다. 서울시의원은 탁상행정의 수치에 매몰되지 않고 반지하 가구의 침수 위험이나 폐지 줍는 어르신의 고단함, 청년 세대의 고립 등 현장의 고통을 체감하는 능력을 갖출 필요가 있다. 시민의 삶을 자신의 고통으로 느끼는 공감 역량은 진정성 있는 조례 제·개정 등 올바른 의정 활동의 원동력이 된다.

정책 전문성과 지적 역량 : 집행부를 견제할 실질적 역량

서울시청은 국내 최고의 엘리트 공무원 집단이 포진해 있는 조직이다. 이들을 견제하고 대안을 제시하기 위해서는 의원 스스로 행정과 법률에 대한 고도의 지적 전문성을 확보해야 한다.

이를 위해 입법 전문성 및 자치법규를 제·개정할 수 있는 역량이 필요하다. 지방자치법 전부개정 이후 지방의회법 제정 논의가 가속하는 등 의회의 입법권은 강화되고 있다. 단순히 중앙정부의 법령을 복제하는 수준을 넘어 서울시의 인구 밀도와 경제 구조 등 현안에 최적화된 '서울형 조례'를 만들어낼 수 있는 능력이 필수적이다. 이는 법리적 해석 능력과 사회 문제에 대한 분석적 사고를 동시에 요구한다.

서울시의 재정과 예산을 결산하고 심의할 수 있는 정교한 분석 능력도 필요하다. 서울시의 예산은 웬만한 국가의 국방비보다 많다. 서울시의원은 복잡한 예산서 이면에 숨겨진 불요불급한 사업을 찾아내고 시대 변화에 맞는 '성인지 예산', '기후위기 대응 예산' 등 현대적인 가치가 예산 편성 과정에 적절히 반영됐는지 검증할 수 있어야 한다. 특히 예산의 효과성을 측정하는 6Es(경제성·능률성·효과성·형평성·윤리성·생태성) 기준을 적용하는 능력은 필수적이라 하겠다.

아울러 행정사무 감사를 전략적으로 수행할 수 있는 역량도 갖출 필요가 있다. 행정사무감사는 국회의 국정감사와 같이 서울시 정의 오류를 바로잡는 가장 강력한 수단이다. 방대한 행정 자료 중에서 모순점과 비효율을 추출하는 데이터 문해력과 문장력은 물론 날카로운 질의를 통해 집행부의 잘못된 시정에 대한 인정과 문제 해결을 위한 노력과 같은 답변을 끌어내는 비판적, 문제적, 논리적 소통 능력이 뒷받침돼야 한다.

갈등 조정과 정무적 역량 : 상충하는 이해관계 해결 능력

서울은 대한민국에서 이해관계가 가장 첨예하게 대립하는 공간이라 할 수 있다. 시의원은 이 갈등의 소용돌이 속에서 중재자이자 통합자로서의 역량을 발휘해야 한다. 그래서 소통과 협상의 기술이 필요하다. 지역구 주민의 민원은 대개 상충한다. 재개발을 원하는 주민과 보존을 원하는 주민, 소음 유발 시설에 반대하는 주민과 편의시설을 원하는 주민 사이에서 합리적인 접점을 찾아내는 협상력은 시의원의 정치적 생명력과 직결된다. 이는 단순한 설득을 넘어 모두가 동의할 수 있는 제3의 대안을 설계하는 창의적 문제 해결 역량이 필요하다는 의미다.

네트워크와 협업 능력을 발휘하는 것도 시의원에게 요구되는 핵심 역량이다. 혼자만의 힘으로 정책을 관철할 수 있는 시대는

　　　　　　　　　　서울시의원 아무나 하나

지났다. 동료 의원, 국회의원, 자치구 의원, 그리고 시민사회단체 및 전문가 그룹과 거버넌스를 구축하는 능력이 중요하다. 당파성을 넘어 시민의 이익을 위해 초당적으로 협력하는 유연한 정치력은 고스란히 시민의 이익과 직결된다.

미래 예견력과 혁신 리더십 : 지속 가능한 서울형 모델 구축

지금처럼 빠르게 변하는 시대의 서울시의원은 오늘의 문제 해결을 넘어 내일의 위기를 관리하는 선견지명을 갖춰야 한다. 저출생과 초고령사회에 따른 인구구조 변화, 기후위기에 대한 대응, 인공지능(AI) 기술 발전에 따른 일자리 대체 등 가까운 미래 서울 시민의 삶의 지형을 크게 바꿀 거시적인 트렌드를 읽고 대책을 만들어낼 리더십을 갖춰야 한다. 서울의 20년, 30년 후를 내다보며 장기적인 안목에서 도시계획과 복지 체계를 설계하는 혜안이 필요하다.

디지털 역량에 대한 스마트 첨단 도시에 대한 이해도 요구된다. 서울은 세계 최고의 디지털 도시다. 블록체인, 빅데이터, 메타버스 등 첨단 기술이 행정에 도입되는 과정에서 기술적 이해를 바탕으로 시민의 정보 인권을 보호하고 행정의 효율성을 높이는 가이드라인을 제시할 수 있어야 한다. 이미 서울시 행정에 인공지능

(AI) 기술이 도입되고 있다. '따릉이'를 운영하는 서울시설공단에서 개인정보가 누출됐다는 소식도 들려온다. 갈수록 위험해지는 개인 정보 유출을 막을 보안 대책은 무엇인지 예방 대응 능력을 갖출 필요가 있다.

결론적으로 서울시의원에게 필요한 자질과 역량은 전문가적 지식은 물론 절차와 과정, 소통을 중시하는 민주주의 실천력, 그리고 대립하는 이해관계를 절충하고 중재할 수 있는 합리적 중재자의 모습이라고 요약할 수 있다. 윤리적·도덕적 청렴성은 기본이다. 집행부의 권한 남용을 발굴해 내고 바로잡을 용기, 정책의 빈틈을 메우는 치밀함, 그리고 소외된 이들을 보듬는 따뜻한 가슴이 삼위일체를 이룰 때 비로소 서울시의회는 진정한 민의의 전당, 서울시민과 지역 주민의 복리를 실질적으로 증진시킬 수 있는 결과를 얻어낼 수 있다. 이런 자질과 역량은 타고나는 부분도 있겠지만 끊임없이 배우고 공부하고 듣는 과정과 현장 중심의 의정활동을 통해서만 가능한 노력의 산물이라는 점을 기억할 필요가 있다.

서울시의원 아무나 하나